為什麼
你學不會
理財

10 個理財的底層邏輯，助你邁向財務自由

李寧子

（栗子拿鐵） ——————— 著

目錄 | contents

第一章

你為什麼要有錢

1. 你為什麼要有錢

可能很多人都聽過這樣一個小故事。

有一個有錢的商人來到一個小島上度假，雇用了島上的一個漁夫當導遊。幾天相處下來，商人問漁夫：「你為什麼不買一艘新的漁船，捕更多魚、賺更多錢呢？」

漁夫不解地問：「然後呢？」

商人說：「然後你就可以用賺來的錢，買更多船，組建一支船隊，捕更多魚。」

漁夫繼續問：「然後呢？」

商人回答：「然後你就可以開一間魚工廠，把你的魚做成罐頭賣到全世界！」

漁夫還是問：「然後呢？」

商人說：「然後你就可以跟我一樣，到這樣的小島上悠閒度假，享受生活了呀。」

漁夫回答：「可是我現在已經過著這樣的生活了呀？」

大部分人聽到的版本應該都是到這裡結束，因此很多人會把這個故事的寓意理解為「錢並沒有那麼重要，我們沒必要為了錢過得太辛苦，而更應該活在當下、享受生活」。

　　但其實，這個故事的完整版還有一個結尾。

　　聽完漁夫的回答，商人說：「雖然你很享受在這個島上的生活，但這樣的生活，只是我一年中的一小部分而已。」

　　也許很多人都會像這個漁夫一樣，覺得對現在的收入很滿意，也從沒計畫過這輩子要賺夠多少錢、升到怎樣的職位，覺得能慢慢加薪、慢慢變富也很好，不必想方設法辛辛苦苦去追求更多的財富。但商人的話，才是這個故事真正想表達的，那就是，漁夫看似理想的生活，實際上是受限於一個永遠沒有盡頭的圈子，並不擁有任何選擇權。

　　試想一下，如果這個島上突然遭受自然災害，或者是遇到「新冠肺炎」這樣的全球疫情，島上的遊客很可能瞬間變為零，漁夫自然會失去他的收入。他一旦離開這座島，收入也會立刻歸零，因此他無法帶自己的家人去周遊世界，看不一樣的風景，或是讓他的小孩享受更好的教育、擁有更廣闊的視野。看似過得「自由瀟灑」的漁夫其實不具備任何承擔風險的能力，也不擁有任何對自己生活的選擇權，沒有真正意義上的自由選擇的能力。

　　想一想，你是不是也和這個漁夫一樣，過著自以為還不錯的生活，而一旦失業，就有可能失去一切？

　　講這個小故事，並不是想販賣焦慮，只是想告訴大家：我們所追求的財富自由，並不是要擁有很多很多的錢或是成為像巴菲特一樣的投資大神，而是透過財富自由，拿回自己人生的選擇權。

　　如果不考慮錢，只談夢想，可能很多人的回答是能到處旅行、環遊世界；也有人會想做公益或從事藝術相關的工作，過得

體面而灑脫。但現實卻是，這些事情都需要錢做支撐。

　　漁夫自然無法選擇這樣的生活方式，但商人可以。並不只是因為商人有錢，更重要的是，錢帶給了他自由選擇的權利。

　　沒有錢，人就好像被一條繩子綁住了，身心都受到束縛，選擇非常有限。只有當你成為這條繩子的掌控者時，你才能隨心所欲，自由選擇你想做的事。

　　做任何事情之前，我們都需要想清楚自己的動力和目的是什麼。你要想想，你努力存錢、學習投資理財，是為了什麼？是想要無所顧忌地購買？是想讓家人過上更好的生活？還是有什麼未完成的夢想？你心裡有答案嗎？

　　拿我自己來說，我學習投資理財的目的，不過是為了兩個字——自由。

　　我希望我可以得到全方位的自由，無論是思想上的、時間上的，還是人生的自由。最重要的，是我想自由地成為我想要的自己。當然，這份自由都是在法律允許範圍之內的。

　　我很不喜歡「無法做選擇」。那些因為自己不具備相應的經濟能力而被迫或勉強做的選擇，會讓我感到痛苦。往淺一點說，因為有經濟壓力，坐飛機必須乘坐經濟艙，住旅館只能選便宜的；往深了說，因為喜歡做的事情賺錢太少，所以不得不去做薪資更高，但其實自己並不喜歡的工作。我無法想像如果接下來的人生，每天都要做不喜歡的工作會有多痛苦。

　　經歷了創業、上班、繞著世界一大圈之後，我越來越意識到，我想要的理想生活，離不開自由，也離不開錢。如果沒有基本的金錢自由，就無法擁有真正的自由。這個自由，不僅僅是指

人身自由、時間自由，還有更重要的——選擇自由。這些自由，必須要有基本的金錢自由來作為支撐。

想清楚了我內心真實的渴望，我就有了非常強大的動力去學習研究投資理財、創造自己的被動收入，這就是我的驅動力來源。

很多人都喜歡抱怨自己當下的生活：自己可支配的時間很少；做著錢少事多離家遠的工作，還要被老闆呼來喚去……

但是抱怨歸抱怨，自己心裡其實知道這樣的生活也不算太差，並沒有痛苦到讓你想要改變。有時候，人們甚至已經習慣了這樣的痛苦，反而害怕改變。而通常讓人下定決心開始改變的關鍵驅動力，並不是追求美好，相反，是逃離痛苦。

如果你覺得，現在的小日子過得還湊合，雖然也會暢想一些更好的生活，但缺乏立刻改變的動力，那一定是因為你的生活還不夠痛苦。

很多名人的成功故事都會描述他們以前有多痛苦，這些痛苦激發了他們的改變，讓他們最後獲得了成功。如果你想過更好的生活，可以嘗試找出一些讓自己很痛苦的點，或是嘗試假想一些可能會讓你感到痛苦的場景，去促使自己改變。

就像這個島上的漁夫一樣，想像一下如果自己的生活被突如其來的變動徹底打亂，你能做什麼選擇？

比如家人生病的時候，迫於經濟壓力，無法選擇更好的藥或是更優的治療方式，你會不會感到痛苦？

又比如，假設你老公出軌，如果你沒錢，即使指責丈夫，也可能被丈夫埋怨不賺錢養家還管這麼多；想瀟灑離去，卻又沒有

獨立開始新生活的經濟能力，你會不會感到痛苦？

如果沒有錢，就無法逃離這樣的痛苦。

我有個朋友，在北京的一家外商工作，日子過得還算不錯。除去房租，剩下的錢也能讓自己活得很好，比如週末約朋友吃吃喝喝、做做美甲做做SPA、學個烘焙搞個插花，小日子過得還挺滋潤。直到有一天，公司要派她去某三線城市做一個專案，需要駐紮3年的時間。我朋友一聽就不樂意了，過慣了滋潤的都市麗人生活，完全不想搬家。但工作安排，哪輪得到你說不呢？朋友一氣之下想離職，卻發現自己的銀行存款不到五位數，如果離職，很快就會連房租都付不起。她忍不住後悔，早知道會遇到這種事，當時就應該少點精緻的消費、多存點錢，給自己留一條退路。

生活中不可預料的意外太多，有錢，就多一個投資選擇，多一分安全感。有時候沒錢，就沒有說「不」的底氣。

就如同那句老話所說，錢不能解決一切問題，但絕對可以解決絕大部分的問題。

問你一個問題：你存有應對突發事件的錢嗎？

這筆錢可以讓你在緊急情況下解除燃眉之急，當你面對誘惑或者苛責時，可以尊重內心的選擇，不被金錢脅迫去做違背自我意願的事情。

因為只有勇敢對你不想要的生活說「不」，你才能慢慢離你想要的生活越來越近。

因此，無論你現在從事什麼樣的工作，有著什麼樣的興趣，理財都可以成為你堅實的後盾。

學會理財，可以讓我們自由掌控自己的工作和生活，而不只是漫無目的地為生活而奔波。

現在請你靜下心來想一想，你要財富自由，想開始投資理財，是為了什麼？你與金錢的關係又是怎樣的？賺錢背後，你想要的到底是什麼？你覺得要賺多少錢才算財富自由？

其實這些問題在不同的人生階段有不同的答案。對錢的安全感，也和實際擁有的金額沒有必然聯繫，只和當下自己的人格與心境相關。

投資大師查理‧蒙格曾說：「走到人生某一階段時，我決心要成為一個富有之人，這並不是因為愛錢的緣故，而是為了追求那種獨立自主的感覺。我喜歡能夠自由地說出自己的想法，而不是被他人的意見左右。」

我一直以來都堅信，追求財富自由，並不是要變得多麼有錢，或是要穿金戴銀、揮金如土。金錢更大的價值，是帶給我們拒絕的勇氣，和自由選擇的能力。

2. 被金錢捆綁的精緻生活

　　我剛研究所畢業的時候，在矽谷的一家小公司開始了人生中的第一份工作。雖然公司業務是我完全不感興趣的電腦硬體，但畢竟公司願意為我辦理工作簽證，這是當時的我要留在美國最需要的東西。加州的天氣四季如春，我又交了很多朋友，我感覺自己似乎在漸漸擁有曾經憧憬的一切。

　　和大部分年輕人一樣，我的家庭並沒有給我經濟壓力，剛剛實現經濟獨立的我也沒有特別需要存錢去完成的目標，所以我沒有任何存款，在花錢時也完全不會記帳，覺得學會享受生活、活在當下最重要。

　　剛從學生成為白領，我就忙不迭跟隨潮流，完成了自己的消費升級：口紅兩三支根本不夠，一週七天的衣服絕對不能重複穿，午餐要吃都市白領必備、昂貴但健康的輕食沙拉，公司附近的高級健身房、瑜伽工作室會員卡也絕不能少，看到喜歡的衣服就買，聽到有名氣的餐廳就要去嘗試，一放假就想出去旅遊，以及開始不眨眼地買名牌包包鞋子……

　　我在學生時代沒怎麼接觸過奢侈品，但經常看到留學圈裡的有錢學生換著不同的包，心裡一直癢癢的。在女孩的生活環境

裡，通常只要有三五女孩成群的地方，就會出現小範圍的互相比較，並催生出嫉妒心和攀比心，看到身邊的人擁有，自己也忍不住想要。我那時剛好開始工作，自己賺了點錢，就會花很多錢買這買那，也不管適不適合自己，覺得自己賺的錢必須得換成等價的東西穿在身上才行，不然對不起我在工作上付出的辛苦和委屈。大概大部分年輕人的人生都會經歷這麼一個階段，因為曾經缺乏，所以會格外渴求物質上的滿足，卻從來沒有意識到，自己當時正擁有著一生中最寶貴的時光，而這一切可能隨時會失去。

事實是，這世界上總有人比你厲害，比你漂亮，比你擁有更多華麗的包包和鞋子。為了攀比而購物，是沒有盡頭的。

但當時的我完全沒有意識到這一點。

我記得自己花了很多時間思考領到的第一筆薪水要用來做些什麼。更確切地說，是買些什麼。即使願望清單已經被填得滿滿，我依然趁著上班「摸魚」瘋狂刷著各種購物網站，樂此不疲。拿到支票後，我直奔商場，用人生中第一筆正兒八經的薪水買了從學生時期就很嚮往的Celine鞦韆包——當然，第一筆薪水根本不夠我買這個包，我是刷的信用卡。

我拍了很多照片發在社交平台上：看，我用自己賺到的錢買到的第一個名牌包！似乎達成了什麼天大的成就。我媽數落我：才賺這麼點錢就買這麼貴的東西，也不知道存錢。我不以為然，心想，張愛玲的第一筆稿費，不也是被她拿去買了一支當時正風靡的丹琪唇膏嘛。自己賺的錢，就必須得換成等價的東西穿在身上才行。

但是，揹了幾天之後，新鮮感過去，這個比我一個月薪水還

貴的包，不過也就和我以往擁有過的任何一個包一樣，揹起來感覺好像也並沒什麼了。

我還花一萬多買過某奢侈品牌的當季熱門包，刷卡時別提有多痛快了，結果買回來幾天之後，發現顏色太淺、肩帶太細、小羊皮又特別嬌嫩，對於我這種粗人來說根本不適合。於是，揹了兩三次之後就被我藏在櫃子裡積灰。一年之後，我決定把它當閒置物處理掉，結果被二手交易平台上的價格給嚇到了——一年的時間，這款包已經從熱門IT包變成了爛大街的街包，最後我賣出的成交價格不到原價的一半。

現在盤點起來，剛工作那陣子買的幾個大貴包，都是揹了兩三回之後就被藏在櫃子裡積灰。買過再多包，平時揹得最多的還是那一兩個經典款，穿啥衣服搭配起來都很協調，甚至絕大部分時候只要揹個帆布袋子就覺得很舒服。想想被我花掉的這些錢，本可以做好多其他更有意義的事情，就後知後覺地心疼。

可能很多東西沒有的時候憧憬得要命，可有了以後就真的不覺得有什麼了。

後來我看了一個TED演講，演講主題叫《誠實面對自己的金錢問題》，來自美國著名的理財師泰咪‧拉莉。她提出了「金錢羞恥」的概念：「人們總是相信我們的銀行餘額，等於自我價值。」簡言之，就是把自我價值等同於向外界展示財力的價值，把「精緻生活」等同於「金錢生活」。

在這種觀念的影響下，我們不計一切代價向別人展示自己吃的、穿的、用的都是名牌，想讓自己看起來很棒。

這讓我想到自己把買來的名牌包包曬在朋友圈，其實我想傳

達的並不是「我買了一個包」，而是想藉此告訴大家，「看，我有購買奢侈品的經濟實力」。即使這個包花去我一個月的薪水，還要刷信用卡額度，但是虛榮心得到滿足的那一刻，覺得什麼都值得了。

可是，我明明只能承擔起幾千塊錢的生活，卻要不斷向別人暗示自己已經走上了可以隨意消費幾萬甚至幾十萬元物品的人生巔峰，萬一哪天摔下來，豈不是會跌得很慘？我在朋友圈裡偽裝的「精緻生活」，其實並不是真正的精緻，而是物質堆砌、被信用卡帳單追趕、被金錢捆綁的生活。

我們常常一打開手機，就看到「網紅」們拚命炫耀著她們穿的漂亮衣服，喝著下午茶，吃著大餐，去好多地方「打卡」，於是自己也想要，被不斷洗腦。但是真的花錢做了這些事，拍了照片發了朋友圈後，都有誰在看？這些事情可以增加你的收入，還是讓你成長？

到底是自己真正過得舒適重要，還是活成別人眼中精緻的樣子重要？如果用不起名牌化妝品、名牌包，難道這個人就沒有價值？我的自我價值，為什麼就一定要和這些物質上的東西捆綁在一起？

更不用說，在這個物質過剩的時代，擁有所謂的昂貴物品，其實早已漸漸失去了炫耀的價值。

20世紀八九〇年代，如果家裡有台彩色電視、有台電腦，是非常值得炫耀的事，恨不得昭告全天下；10年前，擁有一個LV的包包也一樣，每天都要揹出去，接受人們羨慕的眼光。但是，隨著社會經濟發展，人們的價值觀變得更加多樣化，很少再

有以前那種人人稱羨的物品了。你會發現，儘管你用花了大價錢買來的東西裝飾自己、讓別人覺得你過得很好，但其實根本沒人在意。

「擁有這件物品，我就是精緻的優秀女性」「擁有某件東西就能被羨慕」，這種庸俗的消費理念，其實已經過時了。

社會學家李銀河曾說：「精緻的生活首先是清醒的，不是懵懂的；其次是平和的，不是不安的；最後是喜樂的，不是痛苦的。」

精緻不是浮於表面，依靠物質來體現自己，而是從內心真正認識自己，意識到自身的價值和存在。

只有拋棄掉煽動著貪婪和嫉妒的金錢羞恥，我們才能夠放下物質對我們的束縛和金錢對我們的捆綁，過上真正自由的生活。

3. 加薪等於變有錢嗎？

　　我屬於比較幸運的小孩，出生在中產家庭，從小到大沒怎麼為錢煩惱過，也有機會出國讀書，看看這個世界，體驗不同的文化。但同時，和大部分國內長大的小孩一樣，我也並沒有接受過太多關於金錢方面的教育。

　　小時候爸媽會告訴我：錢的事情你不用管，你的任務就是好好學習，考個好學校，找份好工作，你就會賺到錢，擁有好生活，至少是安穩的生活。

　　於是，認真學習、努力工作就能賺到錢，便是我對於金錢的全部認識。我從來沒想過為什麼要這麼做，也從沒有人告訴過我什麼是投資，對財富的概念也並不明確。我理解的收入，就是直接和薪水畫上等號。

　　我從矽谷回國後找的第一份工作，月薪3萬，我簡直開心到飛起，覺得自己一躍成了有錢人，生活品質也跟著大幅提高。我開始租高級公寓，購物只去進口超市，幾乎每頓飯都在外面吃，辦美容卡、美甲卡、SPA卡、健身卡，買了一個又一個奢侈品包⋯⋯

　　正所謂「由儉入奢易，由奢入儉難」。為了匹配自己日益增

長的美好生活需求，我意識到自己需要更努力工作，賺更多錢，過更好的生活。

於是，我開始拚命加班。每天晚上12點後回家、週六日也要去公司成為常態，生活被工作填滿，也導致了我拿到薪水之後就想要更瘋狂地消費，拚命犒勞自己。雖然賺得不少，信心滿滿，以為自己正走在升職加薪的致富大道上，其實根本沒存下太多錢。

一次，一位剛生完小孩的同事跟我抱怨，在北京的私立醫院生個孩子要花10萬元，去月子中心住兩個月需要10萬元，想讓孩子上國際幼稚園要20萬元，國際學校更不用說，每年20～30萬元起步的學費根本攔不住家長們擠破頭想把孩子送進去；每月還有好幾萬的房貸、車貸、保險費，孩子的早教班、興趣班的費用也得籌備起來了⋯⋯她壓力很大，於是生完孩子趕緊回來上班，很怕時間長了自己手頭的專案被人搶走、飯碗受到威脅，那可就陷入家庭財務危機了。

在那之前，我是個從不關注理財、財商為零的人。我覺得自己有一份不錯的工作，有一小筆存款，每月收入不錯，於是去超市購物從來不看價格，也從來不記自己的開銷，多年的文藝情結讓我覺得談錢太俗了。雖然我知道在國內一線城市生存壓力很大，但當時生活品質還不錯的我，還沒想過買房，更沒有想過生孩子，也從來沒有仔細計算過這個所謂的「壓力」到底意味著多少錢。

因此，當同事把這一個個具體專案羅列出來，我有點傻眼了，我發現我的存款還不夠買下北京的一間廁所，也頭一次對於

北上廣的生活成本有了更具象、更長遠的認識，突然就有了危機感。

在如此高額的生活成本壓力下，似乎再高薪的工作，也離財富自由很遙遠，那麼努力工作的意義到底是什麼呢？從小到大老師和爸媽告訴我，我也一直深信不疑的「好好學習，考個好學校，找份好工作，賺到很多錢」，在我的內心開始動搖。

作為一個文藝女青年，我並不是菁英文化的追隨者，也從沒計畫過這輩子要賺夠多少錢，爬到怎樣的職位，但終歸對人生還是有一些憧憬的，比如想要人生經歷更豐富，希望生活更自由，做一點對社會有意義的事，尋找商業跟公益之間的平衡點等。

我總是很天真地想，等我賺夠多少錢，我就不幹了，然後就去做自己想做的事情。但我想做的事情到底是什麼？我從沒有具體地想過。因為不知道我想要什麼，這個不確定才會帶來恐懼，「賺夠多少錢」的數額，也會隨之無限增長。

如果只是為了錢而工作，賺得越多，花得越多，時間也越不自由，那我什麼時候才能知道自己喜歡做什麼，去嘗試體驗不一樣的生活呢？

有一次，我在書店裡閒逛時讀到了一本叫《富爸爸窮爸爸》的書，這本書講述的是：作者有兩個爸爸，一個是他的親生父親，一個擁有高學歷的政府官員，被他稱為「窮爸爸」；另一個是他好朋友的父親，一個高中都沒畢業卻非常善於投資理財的企業家，被他稱為「富爸爸」。作者一邊走著「窮爸爸」為他設計的人生道路，上大學、服兵役、參加越戰……一邊跟隨「富爸爸」的建議，不斷學習賺錢之道。年輕時的他也一直在糾結：到

底應該聽哪個爸爸的話？

　　直到1977年，兩個爸爸遭遇了截然不同的人生境遇：辛勞一生的「窮爸爸」失業了，生活一片困頓；而「富爸爸」則成了夏威夷最富有的人之一。

　　看到這本書時，我彷彿被當頭一棒敲醒：安於現狀往往經不起突然變故的重擊。

　　不知道你小時候有沒有養過寵物倉鼠？即使沒有，應該也在寵物店裡或電視裡看到過：倉鼠的籠子裡總是有一個輪子，牠們會在輪子上拚命奔跑。小時候我總看著飛快跑著的倉鼠，問爸媽，牠為什麼要在輪子上一直跑呀？牠不累嗎？我爸媽總是隨口回答我：「因為牠是老鼠呀，老鼠都這樣。」

　　可老鼠即使跑得再快，也無法擺脫這個輪子。並且，牠並不會意識到自己被困在了一個輪子裡，因為其他老鼠也這樣。牠或許會覺得，在輪子上拚命奔跑，就是老鼠該做的事。正如我們大部分人的生活狀態一樣：拿到薪水後就開始消費，買房、買車、買奢侈品、還卡費，然後付出更多青春和精力，升職加薪，再開始新一輪的消費升級，買更大的車、更大的房、更多的奢侈品以及隨之而來的更多的信用卡帳單……

　　就好像老鼠一樣，我們永遠無法擺脫忙碌的生活現狀，永遠為錢奔波，為生活焦慮，也從未想過為什麼要這樣，反正周圍的其他人也都這樣。而一旦他們停止工作，收入就會立刻歸零。因此大部分人和老鼠一樣，在人生賽道上拚命奔跑，即使跑得再累，看不到盡頭，也不敢停下來，一直在這個「賽道」上無限迴圈。

　　換言之，很多人的高薪是用大量的時間和專業技能換來的，賺得越多付出越多，一旦停下來，生活就沒了保障。如果一直在這個「老鼠賽跑」的怪圈裡努力，月薪再高，也擺脫不了窮忙的命運。

　　我和我身邊的大部分人，其實都是沿著作者所謂的「窮爸爸」設定的路徑，一路做優等生，拿到一份社會很認可的學歷，找一份光鮮的職業，賺一份不錯的薪水。這份收入是對我們曾經在學業中付出的辛勞的回報。

　　雖然拿到了工作的報酬，但生活開銷也相應提高，慢慢發現工作的報酬已經不能滿足我們的開銷，便想努力精進業務、升職加薪，接著發現薪水再怎麼加也就那麼點兒，依然買不起房子養不起孩子。於是我們開始抱怨，覺得自己的付出沒有得到應有的回報，直到忍無可忍的時候向老闆提出辭職，然後休息一段時間，尋找另一份收入更高的工作，然後以更高的開支，重複這種迴圈。

　　我們大多數人每天的狀態是起床—上班—消費，可能有些人會在其中增加不同的活動，例如健身、閱讀、旅行、購物……看似豐富精采，但本質並沒有任何改變，依然在無限次地重複同樣的每一天。如果我們有了下一代，可能也會一樣告訴他們：你們要好好學習，獲得比自己更高的學歷，找到薪水高的好工作，去當律師、醫生，或者去商學院讀MBA，去過一個好的人生。

　　我們雖然都希望孩子能夠成為富人，但卻無法教給他們任何方法。哲學家康德曾說：「父母在教育孩子時，通常只是讓他們適應當前的世界——即使它是個墮落的世界。」

　　什麼樣的人生才有意義？是不是錢越多，人生價值越大？大部分的家長從不和孩子討論這些問題，只是讓他們看到眼前的利益。於是我們的下一代，很可能依然受限在一個小小的輪子裡，拚命而無力地奔跑著。

　　而與「老鼠賽跑」相反的，是另一種生活方式，《富爸爸窮爸爸》書裡稱之為「人生快車道」。

　　在「人生快車道」上的人不怕失業，因為他們不單純靠薪水吃飯。即使他們不工作、不上班，也能有收入。他們擁有選擇的自由，可以更加從容不迫地生活。

　　富人不會像窮人和學校一樣教孩子，而是讓孩子從生活中學會思考，從不斷的體驗和嘗試中獲得熱情，鼓勵自己的孩子也成為富人。富人知道商學院培養的只不過是精於計算的人，而不是擁有財富思維的人，這就是為什麼很多擁有MBA學位的人大多都是公司的中高層管理者，而不是公司和財富的所有者。富人往往會利用這些高學歷的人，為自己創造更多的財富。

　　因此，窮人越來越窮，富人越來越富。

　　窮人和富人最大的差別並不是他們擁有的錢的多少，而是他們思維方式的不同。富人思維和窮人思維的根本區別在於：前者把錢當作工具，後者把錢當成目的。把錢當工具，你就是錢的主人；把錢當目的，你則會一直被錢綁架。

　　不想一輩子做窮人，第一件事，就是要扭轉觀念，想辦法讓自己從「老鼠賽跑」的陷阱裡走出來。

4. 你的薪水，正在拖垮你

　　在《富爸爸窮爸爸》這本書中，作者把那些終身靠薪水生活的人稱為「天真的人」。因為從他們的努力工作、拚命加班中獲得最大好處的，並不是他們自己，而是他們的老闆。

　　整天忙於工作的人，腦子裡想的永遠都是我要把公司的事情做完，我要加薪，我要升職，我要跳槽，我要獲得更高的勞動報酬！

　　從一份工作到另一份工作，從給這個老闆幹活到給那個老闆幹活。如果有一天，他們不能幹活了，失去工作了，生活就會立刻失去保障、陷入危機，就和開頭提到的漁夫一樣。

　　我在誤打誤撞走上創業道路之後，我的投資人問我：「你打算給自己開多少錢的薪水？」我腦海裡正盤算著自己上一份工作月薪是幾萬，如何在合理的範圍內給出一個更大的數字，還沒等我回答，他繼續說：「我投資的創業者給自己的月薪基本沒有超過1.5萬的，薪水滿足基本生活就行，它不是你想要的收入來源，從現在開始你要用更大的格局、站在更高的地方去看待財富這件事。」

　　當時的我似懂非懂，只是覺得有點羞愧。後來過了很多年，

我才真正理解了他這番話。

前段時間，美國稅務局做了一項研究統計，拆解了美國富人們的大部分收入來源。平均來說，美國富人們的收入有8.6%來源於工作收入，6.6%來源於利息，13%來源於分紅，19.9%來源於各種合作、合夥關係，還有45.5%來源於資產升值。

換句話說，有錢人們的大部分收入來源於投資，而不是薪水。

想一下身邊真正的有錢人，你會發現，沒有哪一個是只靠著工作收入發財致富的。窮人和中產階級辛苦努力的工作收入，在富人看來，不過是雖然穩定但相對較低的一種收入而已。為什麼？

第一，因為工作收入是繳稅最多的一種收入。

我回國工作的第一個月，扳著指頭數日子，終於等到了發薪日。薪水發下來，我有點吃驚。說好的3萬薪水，怎麼到手只有2萬出頭？仔細一看薪資單，才發現繳了一定比例的個人所得稅。

後來我自己創業，同樣面臨繳稅的問題，我才發現相比工作收入，經營企業的分紅甚至投資股票的收入，雖然也都要繳稅，但稅率比個人所得稅低很多。

如果不是自己創業、經營公司，我也和很多人一樣，完全沒想過原來除了稅率不同，個人工作收入和企業收入還有一個本質區別，那就是繳稅的順序不一樣。

第二，高收入源於手握更高知識的技能。

馬克思的《資本論》，我們上學時都學過，也知道什麼叫剩

餘價值：資本家透過支付給勞動者遠低於一般勞動的實際價值，來剝削勞動者的剩餘價值。但這個理論的實際意義，我想可能很多人一輩子都沒能明白。

　　大部分人都是站在勞動者的角度來看待財富，只要每個月能拿到與自己預期一致的薪水就滿足了。但如果換一個視角，站在公司經營的角度來看，勞動者付出的勞動和創造的價值永遠都得高於其獲得的實際報酬才行。如果雇傭你不能為公司帶來比你實際薪水更高的價值，公司為什麼還要雇傭你？

　　即使是那些我們認為高薪的職業，例如律師、醫生、工程師等，他們的高收入來源於他們所具備的獲得門檻更高的知識技能，但實際上，這份高收入相對於他們的付出、創造的價值，依然是低的。他們領的是固定的薪水加上可有可無的獎金，最終賺錢的，仍是他們背後的律師事務所、醫院、科技公司。

　　這個世界上有很多聰明人，但是他們並不富有。

　　因為學校是培養專業技能、文化素養和優秀「打工人」的地方，如果想成為決策者、領導者、企業主，只依靠專業能力是不夠的，還需要經驗、眼光和格局。

　　打個簡單的比方。很多人都覺得自己做的咖啡比星巴克的好喝，但咖啡再好喝，也不可能賣得過星巴克。做一杯好的咖啡，和做一家成功的企業，需要的技能和思維都不一樣。

　　我們刻苦學習專業技能、在公司獲得更高的成就和職位，最終結果，不過就是為老闆創造更大的利潤罷了。

　　第三，因為工作收入本質是你用時間和勞動獲得的收入，一旦停止勞動，你的收入將立刻歸零。

　　《資本論》中說道，在資本主義生產過程中，社會分裂成了兩個對立的階級，一個階級除了自己的勞動力，沒有別的用來謀生的手段。這個階級有人身自由，用馬克思的話說是「自由得一無所有」，成為靠出賣勞動力為生的工人階級。另一個階級掌握了生產資料，稱為資產階級。

　　因為社會的進步，我們中的大部分人都不用再像以前的工人那樣辛苦地在工廠勞作，而得以在高級辦公大樓裡喝著咖啡、吹著空調、在不錯的環境中工作，於是我們總以為，自己早已告別了貧窮，成為中產階級。

　　但實際上，窮人和中產階級，依然都是「自由得一無所有」。靠販賣時間和勞力作為唯一收入來源的，就屬於邊際成本的最底層。

　　從年薪10萬到年薪100萬，收入雖然增加了，但這個收入的性質並沒有變化，依然是低於自己所創造的價值。一旦公司或經濟不景氣，這份收入瞬間就會變得不穩定。

　　大多數沒有勇氣去改變的人，會一直這麼安慰自己：這年頭，有份工作就不錯啦，況且工作狀況會隨時間而有所改善，薪水也會隨之增長的。

　　按部就班的工作不能讓你過上富裕的生活，日復一日的工作也不能產生財富。在有危機意識的人看來，工作不是為了錢，而是為了提升自己，為將來的事業打基礎。

5. 你擁有的是工作，還是事業

　　很多人以為擁有了一份工作，就等於有了一份事業。殊不知，事業和工作的差別其實很大。

　　我有個做律師的朋友，專門幫大企業解決勞務糾紛，每次他替客戶公司裁員時，都會先拿高薪的高管「開刀」，因為這樣一來可以立刻省去一筆不小的成本支出。

　　事業是自己的，你為了自己勞動，為自己賺錢，你是擁有者，擁有主動權；而工作是別人提供給你的，你給別人幹活，別人給你錢，你是勞動者，選擇權在別人手上，隨時可能被收回，你只能被動接受。

　　事業拚的是資產，需要的是長遠的目光；工作拚的是勞動和時間，看的是眼下的實際收入。

　　從工作到事業，就是量變到質變的過程。

　　經常看到應屆畢業生在網上提問，拿到了兩個不同的工作offer，應該選哪個？很多人都會說，當然選錢多的那個！但其實，剛工作的頭幾年，真的不用太看重工作收入。因為這個階段你的經驗、人脈、資源和各方面的能力都處在起步階段，無論你再怎麼努力，也不太可能實現質變。那麼就不如先做好為質變做

基礎的量變，而量的大小也沒有那麼重要了，更重要的是帶來質變的潛力。

我覺得畢業頭幾年的工作時期，賺的都是零花錢，多點少點真的沒啥差別。真正的財富，需要你做出自己的事業，創造不可或缺的價值，完成質變才能獲得。

打個比方，一份月薪1萬元的安全職業（例如教師或公務員），和一份月薪5000元的高潛力工作（比如一份可以加入某高速成長期的創業公司、跟隨某個行業內有聲望的領導的工作），毋庸置疑後者的質變潛力更大。

安全感要靠自己給。你可能會覺得，進入創業公司也一樣朝不保夕，說不定哪天公司倒了人去樓空，但是你從中獲得的這份工作歷練和經驗是增值的，這是自己給自己的安全感。

當然，我並不是說每一個人都要去創立公司並把公司做上市，也不是盲目鼓勵大家現在就立刻辭職、告別你的工作。除非你生來就是富二代，大部分人的人生都要經歷為別人工作、領死薪水這個階段，但不同的是，有的人會一直停留在這個階段，而有的人會在這個階段完成自己的觀念轉變和財富基礎的積累，將工作作為一個橋梁，慢慢走向事業。

有一本書叫《優秀的綿羊》，作者威廉・德雷西維茲教授辭去了耶魯大學的終身教職，因為他看透所謂的「菁英教育」，不過是給學生們貼上一個標籤，套入了一個故步自封的狹隘框架。他認為所謂的名校、常春藤大學不過是「失去了靈魂的地方」：「這些學生大多對律師、醫生、金融和諮詢以外的工作不感興趣，即使他們將來的職業生涯光鮮亮麗，但也只是一群優秀的綿

羊。」

　　要想跳出工作擁有自己的事業，必須首先關注你自己，你的核心能力、核心資產是什麼？以及最重要的，你的興趣是什麼？

　　事業來源於興趣。做好一件事需要精力、激情和熱切的願望，再加上持之以恆的決心和耐心，要做到這些，興趣才是起點。事業可以有很多種表現形式，一個自由作家和一個企業家一樣都擁有事業——他們的共同點就是為了自己而工作，掌控人生的主動選擇權。

　　我在學生時期聽過一篇演講，裡面有一句話到現在我才悟出它的真諦：Follow your passion, and money will follow you。中文意思是跟隨你的熱情，錢自然會跟隨你。

　　我相信每一個人，都一定有某些過人之處，只不過絕大部分人都沒有發現而已。那麼，怎麼找到自己的興趣所在呢？你不妨先想想什麼事情是自己最喜歡的、最願意花費時間精力的。

　　興趣和特長是相輔相成的，你也可以在工作中逐步挖掘自己的興趣。在工作過程中，一方面積累人脈經驗資源，為質變做基礎；另一方面，關注自己的興趣和擅長的事。

　　當然，工作仍然是大部分人的人生中不可避免的階段，尤其是剛步入職場，努力工作是必不可少的一步。但是從現在開始，你需要意識到工作與事業的不同，開始有意識地培養自己承擔風險的能力，尋求更多的可能性，嘗試發展真正屬於自己的事業，而不是總貪圖眼前的穩定。

　　很多人在得到一些建議後，第一反應都是「我做不了這件事」，這實際上是自己給自己設限。不如把「做不了」換成「我

要怎樣才能做成這個」，做一個積極的思考者和行動者。當你提前思考你老闆才會思考的問題時，你就離成為老闆更近了一步。

所以，當你在工作時，多花點時間尋找那些真正吸引自己的事情，而不是只想著獲得更高的薪資。找到自己的興趣，你就會進入一個全新的世界。

第二章

賺錢之前，先學會花錢

1. 你真的需要那麼多東西嗎？

　　我大學的時候，得到學校的一個出國交換機會，去澳大利亞墨爾本交換學習一學期。雖然是短短的一個學期、4個月的交換學習，我卻收拾出了滿滿兩大箱的行李，一箱托運、一箱登機，到了當地，費了九牛二虎之力才拖到我提前租好的公寓。我的室友是一個和我同齡的法國女生，和我在同一所學校學習，她下樓來接我的時候臉上寫滿震驚：「你是交換一學期吧？這行李也太多了點？」

　　因為是透過學校申請的交換學習，不僅不用交學費，每個月還有一定金額的生活補助。再加上爸媽給的零花錢，我自己還找了一份餐廳服務員的兼職工作，所以我當時手上的錢遠遠超過一個學生的生活必需。雖然離奢侈生活還有很遠的距離，但我基本可以不心疼地買下一些心怡很久的護膚品、化妝品，還有亂七八糟的快時尚衣服──尤其是國外的這些東西，比國內便宜許多。後來我看到有位作家說過，當一個不那麼貧窮的女學生，真是世界上最幸福的事了──用來形容當時的我，再貼切不過。

　　4個月之後，我結束了一學期的交換學習準備回國時，發現我帶來的兩個行李箱根本就裝不下我的東西。我自己也很驚

呀——怎麼知識沒學多少，衣服和化妝品卻飛速增加？

　　我匆匆跑去超市又扛了一個大箱子回家，在室友的幫忙下終於把我的家當都塞了進去，第二天到機場卻被告知：行李嚴重超重，需要支付幾千澳幣的托運費。機場工作人員看看我的箱子，告訴我離起飛還有一個小時，我可以選擇現在清理行李，把不必要的東西扔掉。

　　我當時就傻眼了。扔掉？我內心是拒絕的，裡面的每件衣服、每支口紅都是我的心愛之物，之後不一定能再買到一樣的。但是這托運費比機票還貴，肯定也是付不起的。那怎麼辦？

　　糾結半天，我想也確實沒有別的辦法了，於是在人來人往的機場，打開箱子，攤開一地的行李，開始收拾。

　　藍色小禮服裙，是我為了學校的派對活動特意買的，只穿過一次，但回國穿的機會又很少，早知道就不買，找朋友借一條就得了。沒辦法，只能咬牙扔掉。

　　在某家精品店買的小皮靴，好看也不貴，但是穿起來有點磨腳，算了，還是扔了吧。

　　黑白條紋毛衣，忘了哪次逛商場打折買的，想一想好像類似的衣服我有很多，也扔了吧。

　　……

　　半小時的時間，我就清空了一整個行李箱，機場工作人員也幫我把衣物送去了二手衣物回收站。

　　收拾行李的時候，哪件都捨不得扔，恨不得把我在墨爾本的整個公寓都搬回國。但是當行李空間有限、被迫清理時，我才發現，其實很多東西都能找到不買或是不需要的理由。

　　我在印度學瑜伽的時候，有一次哲學課的話題是關於欲望和需求。

　　這個世界上有三類人，第一類是 comfortably uncomfortable，第一個詞「舒服（comfortably）」是指物質上的富足，第二個詞「不舒服（uncomfortable）」是指精神上的不快樂；第二類是 uncomfortably comfortable，例如很多印度的聖人，雖然過著流浪的生活，物質上非常窘迫，但精神上卻十分富足快樂。

　　我們所追求達到的，也就是介於兩者之間的第三類，一種平衡的理想狀態——comfortably comfortable，不僅僅是物質滿足，更重要的是精神富足。

　　物質上的滿足，其實很容易達到，因為我們身體真正需要的東西很少，吃飽穿暖，你就已經獲得了基本的滿足。大部分我們以為的需求，並不是生理上的需求，而是心理上的需求，也就是欲望。

　　人都是有欲望的，因為欲望和貪婪，所以要賺錢滿足物欲，胃口會越來越大，想要的會越來越多，人性使然。

　　學會如何區分需求和欲望，是戰勝欲望的第一步。

　　你需要一個包和你想要一個包，有本質上的區別。

　　因為工作需要，有一兩個拿得出手、樣式好的包包，是合理的，也可以慢慢買。這是你需要的東西，是需求。

　　看到別人有名牌包，即使完全超出自己的能力範圍，也依然希望擁有，這是你想要的東西，是欲望。

　　需求是可以被滿足的，欲望卻無止境。

　　欲望在某種程度上會給人動力，促進人成長。「想過更好的

生活」「想買現在買不起的東西」「想住更大的房子」「想遇見
更好的人」⋯⋯正是有了這些欲望，我們才能有動力不斷向前。

　　但是在金錢上，這種欲望是沒有盡頭的。

　　10年前我上大學的時候，聽到某某學姐找到了月薪1萬的工
作，覺得太羨慕了，忍不住想像，如果自己能每月賺1萬，小日
子該有多滋潤；等到我開始工作之後，才知道房租、生活費成本
原來那麼高，如果問我一個月賺多少錢覺得滿足，我會覺得1萬
太少，要是能賺2萬就好了；而當我拿到月薪3萬的收入時，再
面對同樣的問題，我依然不會回答「現在的收入已經很好了」，
而是會繼續給出一個更高的數額。

　　有了1萬元，想要10萬元，有了10萬元，想要100萬元，有
了100萬元還會想要更多⋯⋯

　　對於我們來說，那些名牌包包、口紅香水、限量版的球
鞋⋯⋯就是我們永無止境的欲望。它們一刻不停地誘惑著我們，
把我們帶向一個並不屬於我們的遠方。主播們在直播間裡大喊著
「買它！買它！」，電商廣告促銷告訴你「精緻女人應該過怎樣
的生活」，電視節目裡那些閃閃發光的畫面也不斷給你洗腦。我
們買回來喜歡的衣服包包鞋子，但很快就看上了別的款式，東西
還沒用幾次就被束之高閣，又趕著為下一次的欲望買單⋯⋯

　　其實有太多我們想要的東西，可能根本不是我們真實的需
求，甚至都不是我們喜愛的，僅僅是跟風罷了，或者是無聊的產
物。

　　比如疫情時宅在家裡這段時間，不少朋友都說無聊時就看直
播，跟著買。有時候，我們還會在聊天的時候互相問：「最近買

了什麼好東西？有什麼推薦的嗎？」這就是典型的為了買而買罷了，其實我們真實需要的東西並沒有那麼多。

商家對於女性的物欲行銷實在太多了。不開心了，給自己買個禮物吧；開心了，獎勵自己買個禮物吧；過節了，給自己送一份禮物吧；加班累了，給自己買個禮物吧……

我們當然可以買，也可以獎勵自己，但那更應該是出於我們自己真實的喜歡與需要，而不是因為低價或行銷的鼓吹。

要想讓自己的精神世界更富足，必須給自己的欲望減負。

就好像《斷捨離》這本書中所說，在避免囤積物品的時候，人對物質的欲望也就淡薄了，反過來，精神世界將會變得異常豐富起來。不斷購買囤積，家裡慢慢變得雜亂不堪，用不上的舊東西堆積在家中的各個角落，環境的雜亂又會引發內心的焦慮，讓我們對自己的生活失去控制感。

降低物質欲望，就是在幫助我們重新獲得控制感。

《斷捨離》的作者山下英子在一開始，和世界上所有的女人一樣，明明有著一櫃子的衣服但總覺得自己沒衣服穿，所以一直買，導致家裡非常混亂，心情也始終無法感到真正的愉悅。一次很偶然的機會，她去一座寺廟裡寄宿，有一天，僧人把她一箱子的衣服全都丟到了窗外，然後扔給她兩套僧服。對她說，物質放下的過程其實就是清理自身、消除迷惑的過程。這段話給了山下英子很大的啟發，讓她開始思考如何認清自己的內心，看清楚自己到底想成為什麼樣的人，過上什麼樣的生活，讓自己真正喜歡上自己。

戰勝欲望，過有限度的生活，是致富路上我們都必須學會的

一課。很多真正的有錢人其實生活都非常樸素，因為他們知道花錢帶來的快樂和滿足感終究是有限的，知道如何戰勝欲望。比如股神巴菲特，作為世界頂級富豪，至今仍住在他1958年花3萬美元購入的房子裡，一住就是半個多世紀。他住的這個房子沒有圍牆，沒有鐵門，也沒有大院子，與周邊鄰居的一些別墅比，顯不出任何豪華，甚至讓人感覺還有些寒酸。

對於我來說，欲望這個東西，在我過了25歲以後，慢慢開始變得越來越淡。隨著人生閱歷越來越豐富、可支配的金錢越來越多，我慢慢感受到自己想要的東西其實在不斷變少，但同時也不那麼容易得到了。

被欲望佔領心智或許是大部分人成長必經的階段。不一樣的是，有些人會逐漸開始意識到物欲帶來的快感終究是短暫的，過多的外在物品反而會成為負擔，接著才會開始醒悟過來，擺脫誘惑，去尋找那些真正有意義的事，看清眼前的路，找到自己的方向。

就好像我看過的一個幸福法則：少加班＋少買閃閃發亮的東西＝幸福的生活。

2. 學會把錢花在看不見的地方

　　每一個成年人都應該有一個真正屬於自己的消費觀念體系。所謂消費觀，就是什麼是自己需要的，什麼是不需要的，什麼是該買的，什麼是不該買的。例如我從不參加「雙十一」，也不為了打折而購物，這就是我的消費觀。

　　這個消費觀，不是透過在捷運上刷手機建立起來的。我非常厭惡那種「女人必須有一個×××」「你必須擁有的×××」的文章標題。我必須擁有什麼，當然只有我說了算。外界的聲音越嘈雜，你越需要保持清晰的頭腦去判斷哪些是自己需要的資訊。

　　我也經歷過很長的消費觀念重塑時期。對比幾年前的自己和現在的自己，我在消費觀上最大的改變，就是越來越喜歡把錢花在看不見的地方。

　　以前我立志要做一個「穿金戴銀的餓死鬼」，錢不夠花沒關係，一定要花在刀刃上，花在能被人看得到的地方——包包衣服鞋子化妝品，標誌性的大logo……

　　這也沒什麼好難堪的，大部分人都會經歷這樣的階段，好不容易自己賺錢、有錢花了，下意識地想花在最值的地方。人人都認得的logo和一眼就能看出價位的單品，是最快捷最容易讓人知

道你花了多少錢、賺了多少錢的方式。

　　但這種膚淺的虛榮，隨著年紀和收入的增加，真的需要改變。

　　有一種說法是，當一件衣物在你身上穿過100小時以上，就可以磨合到讓你感覺比較舒服、舒展，穿著的時候才會自信、快樂。這就是為什麼我們穿新衣服或是為了某次活動租來衣服穿的時候，總會感覺有點全身不自在，因為還沒有和它們磨合到位。

　　那些能夠與你磨合得比較完美的衣物，一定是你非常喜歡且非常適合你的。

　　早些年我跟風買過很多很多的流行單品，絕大部分都早已經隨著回國搬家不知道去哪了。而有一些買的時候需要咬咬牙的東西，搬過多少次家也還在，每一次穿的時候依然小心翼翼，又心滿意足。

　　這幾年，我買的衣服越來越少，但也越來越追求那種被穿舊了，卻依然願意去好好維護的昂貴衣物。同一款衣服，我會更願意為衣服的材質，而不是單純的品牌溢價買單。因為你穿的衣服的logo是給別人看的，但穿在身上的感受是給自己的。

　　不知道你們身邊有沒有那種身材體態氣質都很好，披個麻袋都好看的女子？我身邊就有。

　　我有個學藝術的朋友，美感特別好。每次見她，她都打扮得很精緻，就是我們常說的「高級感」。我以為學藝術的女孩，平時衣服一定都是買那種特別貴的設計師品牌，所以有一次問她能不能推薦幾個品牌給我。沒想到她說：「我的衣服都是淘寶、ZARA和UNIQLO，我還特別會在打折款裡挑東西！」

這個答案讓我很驚訝，但後來想了想，讓她看起來很高級的原因可能並不是那些衣服本身，而是她優美的體態、挺拔的身姿、勻稱的體型。於是我改向她請教保持身材的方法，她滔滔不絕打開了話匣：「我很愛游泳，也喜歡攀岩，最近還報了爵士舞的課，反正平時都會運動，另外飲食我也比較注意，不吃高糖分高熱量的食物……」

也就是說，她把買昂貴衣服的錢，都花在了能夠提升自己氣質、改善體型的地方。這樣一來，即使是便宜的衣服，也一樣能穿出高級感。

此外，為知識版權付費也是我們該做的。

和大多數人一樣，我以前也是習慣了去看大把可供使用的免費內容，所以很不願意為內容付費，寧願花很多時間去找免費資源，也不願意加值辦個會員。當然也是因為網上的免費資源也多，只要你肯花時間，大多數情況總能找到。

我這個毛病是在去美國之後被治好的。想聽歌？想在網上看電影看劇？免費體驗結束後，只有付費這一條路。當我體驗過高清又快速的NETFLIX，習慣了用Spotify聽歌，我會覺得他們給我生活帶來的價值遠遠超過我需要支付的那幾十美元。省下來的尋找資源的時間，其實都是機會成本，可以用來做更多更有價值的事。

我現在是很多視頻平台、內容平台的會員，加起來也不過一個月幾十塊錢的會員費，卻能讓我快速找到我需要的內容、想看的電影和電視節目，節省大量時間精力。

這些都是把錢花在看不見的地方，卻更有價值的例證。

再比如我的印度瑜伽之行，每次跟人聊天提起我曾經一個人跑去印度待了一個月就為了學瑜伽，都會引起陣陣感嘆。我記得瑜伽學校的課程食宿是1600（雙人間）～1900元（單人間）美元，淡季去印度的機票來回不到4000元人民幣，當地的物價大概和中國任何一個農村差不多，一個月加起來的總費用是人民幣1萬元出頭，不過是一個入門奢侈品包的價格。買一個包的快樂或許能持續幾個月，而我去印度的這趟特別的旅行中學到的東西、認識的朋友、獲得的體驗，卻會伴隨我的一生，這1萬塊，比買一個包值太多。

在健身運動上的消費讓自己更健康，在語言學習上的消費讓自己看到更大的世界，去旅行去見世面去獲得更多真實的體驗……在提升自己的實力和過有品質的生活上花別人看不到的錢，這些都是比穿一兩件明星同款更能提升你氣質內涵的投資，換來的經驗能夠切切實實留存在我們心裡，這些都是別人拿不走的。

這些寶貴的經驗和經歷，是可以為生命品質加分的，相比於外在的物品，它們的壽命也更長久。

消費觀的建立需要很長時間不斷地試錯、不斷地總結，越早意識到消費觀的重要性，才能越早進化成價值觀上更豐滿的人。

3. 告別月光族，開源之前先節流

　　經常會有人問我，新手該怎麼開始理財，投資的第一步是什麼？我的答案也一直都很簡單，那就是記帳、存錢。

　　如果你賺多少花多少，每個月都沒有結餘，任你學習再多的投資理財知識，也依舊是「巧婦難為無米之炊」。開源之前，需要先做好節流。

　　理財的字面意思就是管理好自己的財務。而存錢，則是基礎中的基礎。

　　我曾經也是一個月光族，賺得不少但開銷太大，根本存不了錢。後來我辭職成為自由業者，收入一下子減少，這種客觀現狀的改變使我不得不開始更加正視金錢，正視自己的每一筆開銷。而這帶來的結果就是，很多不必要的開銷都慢慢被我砍掉，每一次花錢都會經過腦子，也會有思考，很多錢覺得沒必要花就不花。然後我發現，雖然錢花得更少，卻過得比以前更快樂了——因為外在物質能帶來的快樂極其有限，沒有了攀比，就沒有了焦慮，節省下來的精力可以放到更重要的地方。不知不覺中，還存下了不少錢，也讓我的投資計畫變得更加可行。

　　在節流的過程中，我發現最有效的是以下幾個執行方法：

(1) 對抗購買欲的7天冷卻法

如果你看上一件東西，又有點猶豫，要嘛覺得價格太貴，要嘛不知道是不是真的適合自己、真的能派上用場……那麼可以把它放到購物車冷卻7天，7天之內先不要下單。

如果7天過去，你想買這件物品的欲望毫不減弱，那說明這個東西是你真的喜歡或是需要，可以買；如果7天之後沒有那麼強烈地想買了，可能想了想發現自己已經有類似的東西或是本月開銷有些超支……那就果斷從購物車裡刪掉。這樣一來，可以過濾掉大部分由於衝動而產生的不必要購物和由此帶來的各種不健康情緒。

自從我開始執行這個方法之後，7天後我依然決定下單的物品，大概只有購物車總物品的不到20%。也就是說，有很多第一眼就看上、非常想擁有的物品，超過八成都在7天後，變成了沒那麼必要的東西。

英語口語裡有句話叫「sleep on it」，當你有個決定一直做不下去的時候，可以先別急著做決定，先睡一覺，第二天起床再說。這實際上是給自己設置一個緩衝期，防止做出衝動的決定。消費也是一樣。

或許因為人天生就喜歡佔有，當你喜歡一樣東西，會想立刻把它據為己有；當你喜歡上一個人，也會想把他一直留在身邊，所以才會出現頭腦發熱的「熱戀期」。但當這種「想擁有」的衝動過去之後，冷靜下來，你也許會覺得自己並沒有那麼想要這些東西或是沒有那麼喜歡這個人。

如果要你立刻放棄自己看上的物品，可能有點難度，但設置一個緩衝期，就可以避免衝動購物引發的浪費，從而省下許多錢。

(2) 像經營一家公司一樣營運自己的帳戶

我們很多情況下存不了錢，是因為手上一有錢，就忍不住想花。原本沒有花錢的計畫，但朋友一約你去網紅點打卡，一看自己帳上還有錢，就樂呵呵地去了；或是陪朋友逛街，原本自己沒有購物的打算，結果看上兩件衣服，朋友一個勁兒慫恿，一看帳戶錢還夠，果斷刷卡吧。

而最好的節流方法，就是讓自己手上沒那麼多閒錢。

一個有意思的方法就是把自己當成一家公司去經營，目的是要讓自己的整體資源與能力得到提升，並且穩定地將資源適度分配到各個部門，也就是各個帳戶。

我從有意識開始存錢開始，就把自己的帳戶分成了很多個，分得也很細。我們可以把這些帳戶按照不同的用途，並且按照優先順序分門別類。

我的帳戶大致分成了以下幾個：生活帳戶、自我成長帳戶、財富自由帳戶，還有休閒娛樂帳戶。它們的優先順序也不同。

優先順序最高的是生活帳戶，主要就是應付日常開銷，維持生活所需的最低限度的必要消費。首先，計算出你每月的必要支出，例如房租、水電、交通……然後根據這個支出數額，把生活帳戶裡的錢固定下來。每月拿到薪水的第一件事，就是先拿出固定金額放進生活帳戶裡，這樣一來，這個帳戶裡的錢有限，自然

也就沒那麼多亂花的機會了。記帳的重點其實就是如何好好分配自己的錢，不然你賺再多，也留不住。

在除去基本開銷之後，從生活帳戶裡省下來的錢，優先進入自我成長帳戶和財富自由帳戶。

自我成長帳戶裡的錢主要用於投資自己，為了自己今後能更好地成長，例如購買書籍、課程⋯⋯我在這個帳戶裡放的錢是絕對不手軟的，因為它們也會為我將來的開源做準備。另一個帳戶就是財富自由帳戶。我給它起了個比較好聽的名字，但實際上就是用來做各類投資，例如買基金、買股票。這個帳戶和自我成長的帳戶可以結合起來用，一個用於學習理論，一個用於實踐。我也會為這兩個帳戶分配一個固定的資金比例，例如除去生活開銷後，剩餘的至少50%，需要進入到這兩個帳戶裡。

最後才是休閒娛樂的帳戶。到這裡，我的大部分收入已經用於日常開銷和投資成長，結餘已經不多了，自然也能從客觀上遏制住自己不停想花錢的念頭。

對於這四個帳戶，推薦大家以4：3：2：1的比例來分配自己的收入，其中生活開銷佔總收入的40%、學習和成長佔30%、存款和投資佔20%、休閒娛樂佔10%。

這個方法也要求你對自己的開支有清晰的認知，知道每筆錢都花在了哪裡、是什麼目的的花費。因此，我建議大家一定要記帳。你只有把每一筆花費都記錄下來，才能知道自己的錢到底花到哪裡去了。月底檢視，瞭解自己每月的支出，星巴克喝了幾杯？衣服買了幾件？哪些是不該花的錢？⋯⋯

維持社會生活所需要的最基本的必要支出，應該算作一般消

費；而多出來的用於讓自己看起來更漂亮、更精緻、提高生活品質的花費，則應該算作休閒娛樂了。例如，基本的理髮需求，可以劃分到基礎生活開銷裡。但為了保養髮質進行的護理、為了讓自己放鬆進行的頭部按摩或是為了改善心情進行的燙髮染髮，就屬於休閒娛樂了。為了美而進行投資、消費，無可厚非。但如果不對自己的帳戶加以管理，不知不覺，就會多花很多錢，讓自己陷入拮据的尷尬境地。

　　用於自我成長的花費，也要定期進行檢視。如果花錢買了一本書或是一門網路課程，那麼看完書、學完課程之後要回顧一下，問問自己，這次消費給我帶來了什麼變化？如果覺得沒有什麼改變和收穫，那就要分析原因，避免重複的無意義消費。

　　對自己的收入、開支有清晰的規劃，就能對消費進行整體的規劃和掌控，在能力範圍內做到既可以節流，又不會降低生活品質。

(3) 用好的習慣代替隨意花錢的壞習慣

　　很多時候，我們花錢都是在一種不知不覺的慣性下發生的。比如，在很多個加班後的深夜，回到家打不起精神做任何事，就不知不覺地躺在床上打開手機刷起了購物網。還有就是，在等捷運或是在咖啡店等人的空檔，也會不由自主打開購物軟體消磨時間，一不小心又花了不少錢。

　　習慣是「大腦省電」的一種產物，也就是我們所說的「下意識」，當一件事情重複多次以後，大腦就不去管它了，從而形成慣常行為。

　　當我們一無聊就刷購物網，一想到打發時間就打開購物軟體，一沒事幹就去看購物直播……慢慢就會形成「習慣迴路」，時間和錢都悄無聲息地溜走了。

　　習慣不那麼容易養成，但一旦形成，也不那麼容易改掉。如巴菲特所說：「習慣是如此之輕，以至於無法察覺；又是如此之重，以至於無法掙脫。」而《習慣的力量》這本書裡提到，戰勝一個壞習慣最好的方式，就是用一個好習慣去替代壞習慣。舊瓶裝新酒，你得把自己倒乾淨。

　　比如你想戒菸，首先要找到你想抽菸的原因，是因為心情不好，還是僅僅喜歡尼古丁帶來的刺激感，抑或是為了社交不得不吸菸？如果僅是想獲得尼古丁的刺激，不妨用有同樣效果的咖啡來代替。用具有相同回報的慣常行為來代替，這樣成功戒菸的機率更大。事件的誘因和回報還是一樣，只是行為改變了。

　　購物也是一樣。有時候我們並不是想買東西，僅僅是為了打發無聊的時間。那麼，這種時刻，就應該讓自己去找到替代的習慣。同樣是打發時間，我們可以在腦海中規劃一下一天要做的事情、待完成的任務，閱讀一篇有內容的文章，看看時事新聞或者聽一本書、一個電台節目，甚至只是簡單聽聽音樂、放鬆一下大腦。這些都比盲目地上網購物要有意義得多。你也可以嘗試在包包裡放一本書，利用零碎時間閱讀，也許一個月後你就會發現，平時總是抱怨沒時間看書的你，竟不知不覺讀完了一整本書。

　　在這個資訊爆炸的時代，我們不間斷地主動或被動接受各種資訊，而接觸到什麼樣的資訊，在很大程度上會影響我們的情緒和判斷力。我們也要學會去調控信號收發的開關，不要關注過多

購物的帳號，讓自己一打開手機就會被推薦淹沒，不自覺打開刷了起來。多關注新鮮的事物，接觸高品質的資訊，讓你的能量重新被啟動，而不只是習慣性地購買。

　　壓力同樣是錢包的敵人。我曾經在頻繁加班的時候，為了排解壓力，沉迷於消費奢侈品包、去五星級酒店做SPA或是頻繁計畫出國旅遊……這種方法並不能從根本上解決問題。不如想一想，有沒有什麼不需要花錢就能夠消解壓力的方法？比如透過運動打起精神，透過閱讀淨化心靈，週末做一次大掃除，再比如學習象棋、嘗試下廚烹飪……除了購物，我們需要發展更多愛好，去釋放自己的壓力，消磨自己的閒暇時間，而不是把購物作為情緒的宣洩口和打發時間的唯一方式。

(4) 用時間代替消費

　　我非常喜歡喝咖啡，基本屬於每天不喝一杯就醒不過來的那種。我喜歡在上班路上順路去趟星巴克，週末去探索城中各種獨立小咖啡店，但卻很少自己做咖啡，直到我28歲辭職在家那年，才第一次學會用咖啡機，親自體驗了把咖啡豆磨成咖啡粉再做成平時咖啡店裡三四十元一杯的咖啡。這個過程不僅讓我對咖啡產生了新的理解，知道了不同地區咖啡豆味道的區別，也有了更多生活的儀式感。清晨起床自己動手做一杯咖啡，本身就是一種美妙又省錢的優質體驗。

　　以前每個月要花七八百元在買咖啡上，現在只需要買一台1000元的咖啡機、200元的手沖壺，每個月只花幾十元錢買咖啡豆，就能自己在家享受咖啡帶來的愉悅感。

　　同理，你也可以嘗試自己做奶茶、下廚做飯、給自己剪頭髮甚至給自己做衣服⋯⋯這些技能其實都是財富本身，因為你不用再固定支出上餐廳、理髮、買衣服的錢。你其實是用時間換來了技能，再用這個技能代替了原本不可避免的消費。

　　在自己動手創造的體驗過程中，我還發現外面的零食、奶茶、蛋糕都太甜了，越來越不喜歡在外面買東西吃，自己做的東西反而更自然更健康。這樣在不知不覺中，又會減少很多不必要的消費，存款所帶來的安全感也會與日俱增。

　　總的來說，節流首先要做的就是不過度消費、不為了滿足虛榮心強行消費自己能力範圍外的東西，也不硬買和自己收入不匹配的奢侈品，只買自己需要的、真正有價值和讓自己開心的東西。

4. 記帳不等於理財

　　關於養成一個習慣需要多長時間，我聽過許多種說法。比較有科學依據的一個，是倫敦的學者菲利帕・拉利（Phillippa Lally）在2010年的研究。平均來說，一個人養成一種習慣，大約需要66天的時間。如果這個習慣比較簡單，比如每天喝8杯水，那麼花的時間會相對更短；但如果這個習慣比較難養成，比如每天健身一小時，則需要花更多時間。拉利的研究表明，最簡單的習慣只需要18天就可以養成，而最複雜的習慣則需要9個月的時間。

　　以我們的生活經驗來說，好習慣的養成確實需要付出比較長的時間和努力，而諸如抽菸喝酒之類的壞習慣，可能並不需要刻意培養，一不小心就染上了。所以，我們更應該花時間去培養那些對我們人生有益的好習慣，例如記帳就是其中一個。

　　以我自己的經歷為例，我大概是用了兩個月的時間養成了記帳的習慣，接下來長期堅持，就很難再改掉。記帳本身並不難，不過就是每天記下來當天的支出，每天只需要花3到5分鐘就能完成。難的是，堅持每天記帳。

　　有人覺得一兩天不記帳無所謂，等到週末一起補起來就是了。但事實就是，如果你不能在當天記下來，那麼很快就會忘

記。人的大腦每天都要處理成千上萬的訊息，瑣碎的事情不會佔用你的記憶太久。所以，你一定要當天消費、當天記錄，一天只要三五分鐘，就能培養出一生受用的記帳好習慣。

如果你已經養成了記帳的習慣，並保持了一段時間，卻沒有感受到自己在理財方面有明顯進展，那麼接下來的文字你就不得不讀了。

我們常說記帳是理財的第一步，但並不是你在記帳，就等同於在理財。更直接地說，記帳不代表你的財務狀況一定會得到改善，也不代表你在財富路上前進著。

經常有粉絲問我能不能推薦記帳的軟體，其實市面上能夠幫助你記帳的工具很多，無論你用 App、Excel、手寫記帳本還是手機的備忘錄，這些都並不重要。比用什麼工具記帳更重要的，是記帳的目的。

你需要知道，記帳到底在記什麼？

睡覺前把當天花費的金額填到帳本裡，然後每天不斷重複這樣的行為，到月底看一下支出如何或是當想不起來自己買某件東西花了多少錢時，回頭查一下帳本，看一下當時的消費狀況……對很多人而言，這就是記帳了。

這樣下去，可能你堅持了十幾年，家裡堆滿了帳本，手機、電腦裡也都塞滿了你的記帳表格，但實際上，這並沒有幫助你瞭解到自己的財務狀況，也就算不上是在理財。

像寫流水日記一樣記帳、積累一大堆供我們日後查詢的「歷史檔案」頂多只能防止我們過度消費，並不是我們記帳的主要目的。我們更應該學會如何把這些有記載的資料轉變為有用的資

訊，從記帳中解讀自己的消費習慣，從而學會管理支出，增加自己的存錢效率，把存錢的速度提升上去。

　　記帳看起來是件簡單的事，但要透過記帳讓自己的財富變多，需要掌握以下三個原則：

　　原則一：透過檢視，清楚自己的錢都花在了哪裡。

　　「怎麼莫名其妙又沒錢了？」想回答這個問題，是很多人要開始記帳的初始原因。這也同樣是記帳最直接的好處：可以幫助我們從消費支出裡抓漏。

　　記帳和工作一樣，都需要定期檢視，這樣才能知道我們目標的完成情況以及接下來該如何改進。這個檢視工作很簡單，每次只需要5到10分鐘，就可以幫助你對財務狀況和目標進行調整，讓你能夠做出對自己當前財務狀況更有利的消費選擇。

　　當你堅持記帳一個完整週期（一般是一個月）以後，你就可以把該月的各項支出與收入的比例計算出來，透過這個比例，你就知道每月花得最多的錢在哪裡。接下來，你就能區分出在這些支出中哪些是必要消費，哪些是不必要的消費。必要的就是衣食住行、基本的生活開銷。而不必要的部分，自然會成為你接下來需要優先刪除的項目。

　　如果有一些支出你在理性上知道是不必要的，但在感性上又會覺得不花很難受，好比有的人特別喜歡玩桌遊，每月都要約上朋友去桌遊館消費一通，或是愛美的女生每個月都忍不住在美容美髮這件事上消費一些。沒關係，可以暫時保留，但需要做好分配，堅持一個額度上限。這裡就需要用到第二個原則。

　　原則二：分配好未來要花的錢。

　　我們透過檢視知道了哪些錢花在了不必要、不恰當以及不能幫自己積累財富的地方，就需要在未來花費的時候及時調整，盡可能把錢花在刀口上。

　　要想不被錢控制人生的方向，就需要先控制錢的方向。你是你每一筆收入的主人，因此在你收到錢的時候，作為主人的你有責任對它們進行管理，像管理一支隊伍一樣管理你的錢。

　　試想一下，你現在是一家公司的老闆，當你帶領團隊賺到錢之後，也需要給團隊的每個員工發放薪水和獎金。不過，你一般不會給每個員工都發一樣的獎金，而是按照多勞多得的原則，根據不同崗位的不同技能、貢獻，在發薪水時，按照適當的比例去分配你的獎金。

　　現在問題來了，如果某個月企業營運狀況不佳，只有很少一部分錢可以用來給員工發獎金，這個時候怎麼辦？作為企業的老闆，此時你就需要考慮大局，優先照顧能夠讓你的企業繼續經營下去的核心員工。所謂的核心員工，就是能夠為你的企業帶來更多收入、創造更多利潤的員工。支付完核心員工的獎金，剩下的錢再依照重要性發給其他員工。至於那些常年渾水摸魚、能力不夠、無法產生績效的員工，即使給他們多發獎金也無法帶來更多收入，那麼你就需要慢慢考慮裁員，減少不必要的支出。

　　在理財上來說，「核心員工」其實就是能夠幫你帶來更多財富機會的地方，也就是需要你拿到錢以後，優先考慮那些可以「開源」的機會，比如為未來的投資進行儲備。剩餘的錢，再按照必要不必要、重要與否依次分配下去，重要程度最低的消費，就盡可能慢慢降到最低，減少這部分的開支。

　　原則三：每一筆記帳，都要幫你在財富自由的道路上前進一步。

　　堅持前兩個原則一段時間後，在檢視過去和規劃未來上不斷循環。如果你的方法正確，可能很快你企業裡的「核心員工」就會越來越多，也就是可供你自由支配的資金會越來越充沛，簡言之，存款變多了。

　　為了讓這個過程不斷加速，你的每一筆支出與消費，都應該有一個最終目的：讓可供自由支配的資金越來越多。因此，在記錄每一筆開支的時候，你都應該有意識地思考一下，這筆消費讓我離目標更近了，還是更遠了？

　　比如某一天你發現你的吹風機壞了，在網上選了一輪，發現有兩款吹風機可以選。這個時候你可以選擇買那款價值幾千元的名牌吹風機，買來之後還可以發朋友圈、曬曬優越感；也可以選擇買一款幾百塊的普通品牌的吹風機，顏值可能不夠高，但吹髮的功能也不會差太多。再比如，在就餐時，你完全可以負擔得起兩種食物，隨便吃哪個都不會對你的經濟狀況造成太大影響，這時候你需要想的是，買哪個會讓未來的你更自由。

　　這其實就是延遲滿足。消費的時候不能只想著當下的滿足感，也要想到未來的自己。我們需要透過記帳養成的，也正是這樣的消費思維。每天晚上記帳的時候，每記一筆都需要想一想，這筆花費有沒有從長遠上幫到自己，是不是本來可以有更好的替代方案。當你習慣之後，就會發現延遲滿足的能力已經滲透到了日常生活中。

　　「記帳是理財的第一步」這句話肯定是沒錯的，但你要記

住，記帳並不等於理財。記帳的最終目的，就是為了讓我們的未來有更多可自由支配的資金，提前達到自由狀態，而不是走形式，為了讓自己心安或是留下一個花錢的紀錄。

　　掌握以上三個原則，你才能真正掌握記帳的方法，讓財富增值，讓存錢速率越來越快。

第三章

理財是一種生活態度

1. 理財是一種生活態度

因為在成長過程中缺乏財商教育，很長一段時間，我都沒有正確的財富觀。學生時代作為文藝青年的我，總覺得文學藝術才是高雅有趣的事，談錢太俗；後來工作後開始賺錢，又物欲爆棚，每月都「月光」，只恨錢不夠花。

後來看了很多書，經歷了很多事，在真實生活裡摸爬滾打一番，我才明白自己的幼稚和短視，也漸漸樹立起科學的財富觀。

錢其實是一個工具，而工具本身是中性的。利用好了，就能幫助我們更快地實現理想的生活。要想讓我們的人生多姿多采，最重要的就是要有選擇權。而理財的本質，就是讓我們把選擇權拿回自己手上。

我身邊有一些從來不理財的朋友，我問他們為什麼不理財，得到的答案主要有以下兩種：一種是覺得自己物欲很低，覺得存錢、賺錢是一件枯燥又費神的事，不想為錢所累；另一種是奉行及時行樂的原則，因為不知道明天和意外哪個先來，所以乾脆賺到錢立刻花掉，覺得這樣的人生才值得。

這兩類人都和當初天天窮開心的我一樣，對理財缺乏系統的理解。

　　理財其實不僅僅是存錢和賺錢，更重要的是培養創造和駕馭金錢的能力。理財包含了債務管理、消費控制、資產配置、風險管理、目標設定、職業規劃、人生設計等諸多內容，它能夠幫助我們更好地認識自我，是一種積極的生活態度，而不只是硬邦邦的致富工具。

　　大部分都市人的生活總是忙忙碌碌，腦海中充斥著趕不完的工作計畫，10分鐘後要做什麼，一小時後要做什麼……生活的時間軸被壓得很短、節奏變得很快，這樣一來我們能看到的只有眼前的事情，而缺乏用長遠的眼光來規劃事情的能力，變得越來越短視。

　　這樣的生活方式會影響到我們的各方面，錢就是其中一環。沒有理財觀念的人，常常只會考慮眼前，只會想到一天後、一週後、一個月後要用的錢。「繳完這個月的房租，還完上個月的信用卡帳單，下個月的錢下個月再說吧。」如果要讓他們計畫10年、20年後要用的錢，是非常困難的。他們美其名曰「不想考慮太多與錢相關的事」或是「快樂生活就好，錢多錢少沒關係」，但這樣的想法實際上是在逃避長期的人生規劃。我認識的那些沒有理財觀念的人，也鮮少對人生、職業有長遠規劃，因此他們很難面對生活中出現的意外，也很難讓自己取得長足的發展和成就。

　　與其說理財是管理自己的財務，不如說是管理自己的人生。有理財觀念的人不太會去考慮一年後的薪水可以漲多少錢，而是會考慮10年後自己會達到哪種財富水準，過上什麼樣的生活，應該為此做些什麼。

理財，可以幫助我們養成從更長的時間軸來看待問題的能力。

你可以透過記帳，清晰地知道自己每個月的收入和開支，為接下來的一年做好金錢規劃。記帳是對自己的日常行為進行觀察與優化的一種好習慣，是認真的、有計畫的生活態度。

你也可以透過設定自己5年、10年的財務目標，例如買房、買車、給孩子準備教育基金等來做好相應的職業規劃。目標設定能把我們的需要轉變為更明確的動機，使我們有動力朝著一定方向努力，並及時將行為結果與既定的目標進行對照，從而進行調整和修正，直到實現目標。這也是一種認真的、有計畫的人生態度。

你還可以從控制消費入手，降低消費頻率，逐漸擺脫債務的困擾；或是透過設立專門的理財投資帳戶，開源節流，有計畫有步驟地實現「原始資本積累」。

這些都是理財的不同表現形式。理財不是把錢藏在床腳，也不僅僅是把錢放進銀行帳戶，理財是為了讓錢生錢，更重要的是，明確自身的資金規劃，保持健康的財務狀況，最終實現自己的人生目標。

即使你現在一分錢存款都沒有，即使你曾經是月光族，都沒關係，因為理財和有多少錢並沒有太大關係，你只需要從當下開啟理財之路即可，從具體的理財方式領悟到背後的財富思維，再延展到生活的各方面。

我有很多粉絲都告訴我，當他們開始嘗試記帳、理財，並從理財投資當中賺到錢的時候，會獲得很大的成就感，感到自己的

付出獲得回報，感到對生活擁有了掌控權，整個人也充滿了積極向上的正能量。而這種能量也會被帶到工作和生活中，形成正向循環。

　　理財觀和生活觀是息息相關的，財富自由的重點不是財富，而是透過財富換來身心的自由。也就是說，經由財富自由來實現生活自由。所以我們才說，理財是一種生活態度，理財就是理生活。

　　與其逃避金錢，不如和金錢成為夥伴，感受金錢的善意，借助金錢這個工具去實現自己想要的生活，讓理財成為你的人生習慣和生活態度。

2. 只有金融專業的人才能學好理財投資嗎？

　　很多人一提到投資，第一反應就是：好難好枯燥，一堆數字搞不懂，我又不是學金融的，還是敬而遠之吧。我的很多粉絲也經常這麼說：雖然我對投資有興趣，但是什麼都不懂啊。

　　我也曾經有過這樣的想法。作為文科生，我學生時期最害怕的科目是數學。自己對數字也不是很敏感，一提到投資理財，就誤以為很艱深很困難，也覺得會成為自己行動的一大阻礙。

　　但後來經過學習和實踐，我意識到學理財主要是對金融知識的學習，是樹立投資價值觀、形成適合自己的方法論的過程，其重點並不在枯燥的數學計算。理財當然需要數學基礎，但數學成績好並不代表理財能力就強。《富爸爸窮爸爸》一書裡曾說，投資與理財，只需要小學五年級的數學功底，不需要幾何、微積分等數學知識。簡單說，你只要會算加減乘除，就已經具備了做好理財的基礎。

　　我有一個朋友是學會計專業的，數學特別好。在固有觀念裡，會計基本就是和金錢帳目打交道，因此人們會理所當然認為，學會計的人一定都很會理財。但實際上，日常生活中的她是一個月光族，別說投資了，就連存款也沒有。雖然她在會計工作

方面做得很出色，但打理起自己的錢反而存在一定的問題。所以說，不是和錢打交道的人都是理財好手，理財看的是一個人用錢的習慣和對財富的理解。

因此，理財和投資，也從來不是金融專業人士的特權。即使是科班出身的金融分析師，也不能做到每次出手都能賺錢，依然會陷入理財投資的困境之中。學習理財更是一場伴隨整個人生的馬拉松長跑，即使是從事金融工作的專業投資者，每天也依然在不斷地學習新事物。

對我們大部分人來說，沒有必要追求成為像巴菲特那樣的專業投資人，把投資當成自己的事業；我們想要的，其實是透過投資改變工作的意義，不再只是為了錢工作，而是可以自由選擇自己喜歡的方式度過一生。

投資和消費的本質其實是一樣的，都是由我們來決定自己賺來的錢到底去到哪裡，唯一的區別是，最終目的地不一樣。

你可以回憶一下你最近的一筆消費是什麼？我自己最近的一筆消費，是在星巴克買了一杯咖啡。那麼我支付的這筆錢，最終目的地去到了哪裡？

你可能會覺得，去到了肚子裡呀。

這只是這筆錢表面的去向。如果深入思考，它其實流向了星巴克這家企業，變成了企業的市場經費、員工支出、房租成本的一部分。如果我今天沒有選擇去星巴克喝咖啡，而是選了路邊的一家個人經營的小咖啡店，那我支付的錢，就去到了店主的手裡，同樣用來支付房租、員工薪水、採購原物料。

有一個說法：我們花出去的每一筆錢，都是在為我們想要的

世界投票。這話聽起來很文藝腔，但事實就是如此。金錢的去向，實際上表達了我們對收錢者的「支持」。你是選擇去連鎖大企業消費，還是去手工小作坊消費？是購買高檔超市裡的進口蔬果，還是街邊農民兜售的自家蔬菜？我們的價值觀，直接決定了我們的消費觀。

理解了消費中錢的最終去向，我想你也會理解，投資和消費一樣，同樣是花錢的決策過程而已。

很多人因為害怕投資、害怕虧錢，所以只存錢，不投資。但其實哪怕只選擇最簡單地把錢存到銀行，也會在無意識中參與投資。

對於存款來說，銀行並不是錢的終極目的地，錢不會停留在銀行裡。你把錢存到銀行的那一刻起，你的錢就會被銀行借給那些需要貸款的個人或企業。也就是說，你的存款其實被銀行用作了本金，借給了別人去投資。我們常說，別把錢放在銀行裡睡大覺，其實睡大覺的只是你帳戶上的數字，實際上你的錢，早已被其他人用作了賺錢的工具。

與其把錢給別人用，那為何不自己有意識地決定自己賺來的錢的最終去向呢？

小到買哪個品牌的化妝品，大到買哪個品牌的車，我們都會為自己的錢該怎麼花做決策，並付出相應的時間做研究。投資其實也是同樣的決策過程，你一樣可以透過學習、研究為自己的錢找到一個最好的去向，讓你的錢為你工作、發揮價值，最後「衣錦還鄉」。用這樣的心態看待投資，可以適當降低心理門檻和心理壓力。

即使不是金融專業人士，也完全可以透過簡單的學習瞭解理財與投資，然後把自己的錢交給自己選擇的專業人士去打理，比如基金經理人，這在本書的第八章也會詳細提到。但前提是，你需要掌握一定的基礎知識，擁有科學的理財觀念。

網上流傳一個公式：成功＝智商＋情商＋財商。這裡的財商，就是可以透過後天學習培養的對於金錢的觀念。

我在分享理財的時候，會更多側重於理財的觀念，而不是冷冰冰的金融工具教學。因為一方面，我覺得理財這件事本身就可以融入生活，只有當你發現了理財給生活帶來的樂趣，才可以堅持下去，讓理財變得更持久。

另一方面，我覺得只要你的理財觀念是正確的，使用金融工具不過是錦上添花；但如果你的觀念不正確，再強大的工具，都沒辦法讓你持久地使用，即使真的賺了錢也不一定留得住。

人必須對自己的思維模式、對事物運行的規律有充分的覺知，先改變思維，才能做出不一樣的行為，最後實現自己想要的生活。因此，不斷刷新自己的認知是非常有必要的。

所以，如果你問什麼人適合理財和投資，答案就是：所有人！

3. 有錢人的生活和你想的不一樣

「想成為有錢人，就需要觀察學習有錢人的行為。」聽到這句話，你腦海中出現的「有錢人的行為」是什麼？開名車，住豪宅，每天出入高檔場所，每天吃著山珍海味？這麼想其實很正常，因為這就是社會給我們營造出的有錢人的生活方式，但這樣的關於有錢人的印象，卻害了不少人，讓很多人以為，要想變有錢，就要模仿有錢人闊手闊腳的生活方式，只有透過花錢買來這樣奢侈的生活方式，才能走進有錢人的圈子。

但其實真正白手起家的有錢人，他們的生活並不會如我們想像中那麼奢靡。

臉書的創始人祖克柏常年穿著一件普通的白 T 恤、牛仔褲和拖鞋，僅僅開著 3 萬美元的大眾汽車。

谷歌的創始人之一謝爾蓋·布林表示自己不喜歡花錢，他吃飯從不剩飯，買東西時也非常關注價格。

艾瑞斯塔網路公司創始人、谷歌早期投資者之一大衛·切瑞頓，擁有 30 億美元的淨資產，到現在仍開著 1986 年的大眾汽車，住著 30 年前的房子，甚至自己修剪頭髮。

美國著名的輕部落格網站 Tumblr 創始人大衛·卡普淨資產

至少2億美元，但他過著簡單的生活，曾在接受採訪時說：「我沒有過多的衣物，我一直感到非常奇怪，為什麼那麼多人把家裡塞得滿滿的？」

⋯⋯

白手起家的富豪的節儉程度是不是超出你的想像？不妨思考一下這個問題：一個不是靠繼承，而是靠自己白手起家勤儉致富的人，平時生活量入為出，你覺得這樣的消費習慣是他在變富之前就有的，還是變富之後才養成的？

很顯然，一個人在有錢的時候還是過著適度節儉的生活，大多是他們在變富之前就是如此。並且，有這樣好的消費習慣，也是他們能夠白手起家變有錢的重要原因之一。因為他們要讓自己的收入持續大於支出，才有更多的錢可以作為本金去投資、創業，所以他們願意在一定程度上犧牲生活品質，提早存到第一桶金。

人都是有欲望的，因為貪婪，所以要賺錢滿足物欲，胃口會越來越大，想要的會越來越多。窮人要消費，富人也要消費，但窮人和富人消費有什麼區別？

舉個例子。我見過一些超級富婆，隨便逛個街消費幾十萬的東西很正常，因為這相對於她們的金融資產、世界各地房產等收入來說只是很小一部分。但也有很多剛畢業的女生，為了買一個名牌包省吃儉用兩三個月，結果揹著擠捷運又怕弄壞了包。

這就是富人和窮人消費的區別：富人不用考慮消費對自己財務狀況造成的影響，窮人反而反其道行之，透過購買奢侈品等來營造自己擁有巨大購買力的假象。

　　換句話說，窮人忙於使收支平衡，中產階級願為自己增加負債，富人樂於為自己購買資產。

　　什麼是資產，什麼又是負債？《富爸爸窮爸爸》裡給出了非常簡單明瞭的定義：資產就是能把錢放進你兜裡的東西，比如能收租的房子、能產生收益的基金、能增值的企業股票、能帶來版稅的圖書或音樂等，再比如你在網路上創作的能夠產生價值的文章、視頻、課程等，也都是資產。而負債就是把錢從你兜裡拿走的東西，比如買來就開始貶值的新車、不停需要維護的名牌包，還有一張又一張的信用卡帳單等。

　　同樣都要消費，觀察一下身邊的窮人和富人，你會發現他們的現金流路徑完全不同。窮人拿到收入後，就立刻用來消費，刷爆信用卡、清空購物車，購入大量「負債」；富人卻不一樣，他們拿到錢會先用來購買資產，例如買基金、股票，或是存錢買房，再用資產產生的錢去進行犒賞自己的娛樂性消費。

　　窮人沒有資產，自以為買了包就是好的投資，殊不知買回的都是負債。有錢人當然也買化妝品包包，但那是建立在他們擁有的資產基礎上，用資產產生的被動收入進行娛樂消費。

　　那富人是怎麼理解奢侈品的呢？其實在《富爸爸窮爸爸》這本書裡，作者的一個觀點使我印象特別深。他說購買奢侈品，應該是對投資的一種獎勵。他舉了自己太太的例子，說她很早就想買一輛豪華轎車，最後她也確實買了，但她不是用薪水或者貸款買的，而是靠她投資房地產賺的錢買的。為了買這輛車，他太太等了四年。

　　反過來看現在很多女孩子，為了買包包，不僅把薪水都花光

了，還會貸款分期購買。這樣一來，每個月的薪水，扣掉借款之後所剩無幾，那麼她就永遠無法積累資產，就永遠是一個揹著名牌包包的窮人。而富人呢，利用投資賺來的錢買包包，剩餘的資產還在不斷增長，過了一年，又賺了一個包包回來，這樣一來他會越買越有錢。

《富爸爸窮爸爸》這本書的作者也在書裡說，那些能給子孫留下財產的人以及那些能夠長期富有的人，都是先積累資產，再去購買奢侈品。而窮人和中產階級卻是在用他們的血汗錢以及本該留給子孫的遺產來購買奢侈品。所以稍微聰明一點的人在花錢順序上都應該是，把衣食住行這些需求放在第一位，接下來再拿多餘的錢來積累資產，最後才是根據資產的收益來買奢侈品。這樣才是可持續的、真正的富人，生活品質也會越來越高。

之所以會有這樣不同的消費方式，本質上是因為窮人喜歡及時享樂，而富人懂得延遲滿足。

說到延遲滿足，不得不提到心理學上非常知名的「棉花糖實驗」。

20世紀60年代末，史丹佛大學心理學家米切爾做了一個「棉花糖實驗」，一群5歲左右的孩子被邀請到史丹佛大學做這個實驗。每個人面前的桌子上都有一塊棉花糖，並被告知：你們有兩個選擇，第一個選擇是，你們現在就可以吃掉這塊棉花糖。第二個選擇是，我現在出去辦點事，等我15分鐘，當我回來後，你們可以得到兩塊棉花糖。在我出去期間，如果你們等得不耐煩，可以搖桌子上的鈴，我會立刻返回，但你們就只能得到一塊棉花糖。

　　只要等待15分鐘就可以再得到一塊棉花糖，聽起來很簡單也很值得，但對於5歲的孩子而言，這15分鐘的等待簡直太難了。多數孩子都無法抗拒眼前的誘惑，連短短3分鐘也等待不下去，不假思索，立刻就吃掉了棉花糖。只有大約30%的孩子，成功等上了15分鐘，所以他們也可以得到更多的獎勵。

　　十幾年後，米切爾給所有參加過棉花糖實驗的653名孩子的父母和老師發去了調查問卷，詢問了他們的許多情況，包括制定計畫、做長期打算的能力、解決問題的能力、和同學相處的情況以及他們的SAT（美國大學標準入學考試，類似於中國高考）分數等。調查結果顯示，那些通過實驗的孩子，也就是那些能得到兩塊糖的孩子，在長大後也更加成功。

　　「月光」「過度消費，永遠都有還不了的債務」，窮人之所以會有這些財務困境，往往都是沒有培養起延遲滿足的理念。延遲滿足，其實就是延期滿足自己的欲望，以追求自己未來更大的回報。

　　如果你今天想買一樣很貴重、但又不是必需的東西，例如出國旅遊、購買奢侈品或是換一支最新款的手機，你需要先忍住，把錢先拿去放在一個可以幫你賺錢的地方，也就是購入資產。等你的錢幫你賺錢之後，再用多出來的錢去購買自己想要的東西。

　　延遲滿足不是單純地等待，也不是一味地壓制欲望，說到底，它其實是一種克服當前的困難情境，力求獲得長遠利益的能力。你必須很努力，也必須很有耐心。

　　我一個朋友的姊姊曾經是一個小有名氣的模特兒。我朋友總跟我說，她姊姊很奇怪，雖然在時尚行業工作，但從不買奢侈

品，也不買珠寶，就喜歡買房。模特兒的職業生涯不算長，競爭也很激烈，朋友的姊姊30歲之後就開始逐漸淡出模特兒圈，但她工作的10年裡賺的錢，已經全部換成了北京和世界各地的房產。現在光是靠著房租收入，就已經過上了很多人夢想的生活，想買多少珠寶奢侈品也都不在話下。很多和她一同出道的模特兒，有比她出名的，卻少有比她富有的。她的消費方式，直接決定了她能跨越階層，成為富人。

　　我自己剛開始工作的一兩年，完全沒有延遲滿足的概念。每年都會出國玩一次，買一兩個精品包，辦上幾張昂貴的健身卡和美容卡。直到有一天，我偶然聽一個關係很好的大學同學說，她在上海買房了——雖然省吃儉用只買得起一間郊區的「老破小」，但也是自己的房子，終於不用再擔心和房東鬧矛盾、被掃地出門。

　　當時的我還覺得買房彷彿離我非常遙遠，沒有想到同樣的年齡、同樣的工作時間，我同學賺的錢已經換成了一間還在不斷升值的上海的房子。我回家看著一屋子已經不再喜歡的衣服包包，下決心要開始學會延遲滿足。

　　後來有很長一段時間，我都沒有再購買過奢侈品，也沒有再去進行奢華的旅行。印象特別深刻的是，大概四五年前，戴森吹風機突然特別風靡，到處都在推薦這款秒殺其他同類產品的高檔吹風機。如果是以前的我，3000多元的吹風機肯定說買就買了，畢竟大家都說這是精緻女孩的標配。但是想到延遲滿足的概念，我忍住了購買的衝動，想想自己用著的索尼吹風機好好的也沒壞，不如等到有了被動收入再換新的，於是我把它和其他我喜

歡的東西、想去的地方都一起寫在了我的心願清單上，讓它們變成我努力的目標。

　　然後我開始強迫自己存錢、學習理財，終於在3年後，透過貸款在我老家重慶買了一間中古小套房。房子雖然很小，但位置還不錯。因為我大部分時間都在北京生活工作，於是房子買來之後我就立刻找仲介租了出去，每月收租2000元，一年下來的房租，剛好夠我出國玩一趟，順便買一個喜歡的包。收到第一個季度的房租後，我終於買來了這個我心儀已久的戴森吹風機——遲到了3年，但最終沒有缺席，並且作為我達成自己的一個小目標的獎勵，又多了一重意義。

　　可能會有人覺得，買支吹風機而已，又不是買不起，真的有必要拖這麼久嗎？高級的吹風機雖然吸引人，但並不是生活必需品，在收入來源有限的情況下，優先順序需要放到最低。兩三千塊錢本身看似不多，但如果省下這筆錢，可以用來做的投資卻很多，優先順序都比「享受型消費」要高。

　　延遲滿足聽起來容易，但執行的過程無疑是相對痛苦的，它很考驗人的定力。誰不喜歡享受呢？但當你急著享受的時候，要知道你花的錢，可能剝奪了你未來10年的機會成本。

　　如果我當時沒有選擇把存款用來付房子的頭期款，而是隨便去消費，那這些錢花掉了也就花掉了。但當我戰勝了自己要立刻擁有某件東西的欲望、選擇把錢先換成資產，我就擁有了源源不斷的被動收入現金流。隨著時間推移，資產本身的價值和產生的收入也會逐漸增加，我每年都可以用它們來犒賞自己。

　　這樣想想，是不是很想乘坐時光機回到10年前，讓那時候

的自己開始存錢？

　　享受不是不可以，而是要有限度。當你覺得自己很需要慶祝、犒賞自己的時候，暫停一下，把這個想法留到下個月甚至年底，而不是說「我今天工作好辛苦，下班一定要買個包獎勵自己」。這筆錢，你完全可以存起來，拿去理財，等產生了收益，再滿足自己。短暫的忍耐之後，你收穫的快樂和滿足是更長久的。

　　所以，理財並不是主張大家不消費，也不是說完全不能買奢侈品，而是先存錢買資產，再用資產產生的收益去消費。當你看著身邊的人開著豪車、放假到處玩，而自己還在擠捷運的時候，忍一忍，給自己一點積極的心理暗示。購物只能獲得當下的滿足感，而把資金用來投資、購入資產，為的是讓自己不用一輩子都辛苦工作，逐漸擁有選擇的權利。

4. 做時間與複利的朋友

　　很多人覺得，自己沒什麼錢，本金太少，再怎麼理財也沒多少。會有這種想法，多半是因為他們還沒有理解複利的概念。

　　被稱為「世界第八大奇蹟」的複利，可以說是宇宙間最大的能量之一。

　　我們先來看看世界著名的諾貝爾獎是怎麼利用複利的。

　　1900年，由諾貝爾捐獻980萬美元的諾貝爾基金會在瑞典成立。隨著每年獎金發放與運作開銷，到1953年，基金會的資產只剩下300多萬美元。而且因為通貨膨脹，300萬美元只相當於1900年的30萬美元。於是，從1953年起，瑞典政府開始允許基金會獨立進行投資，可以將資金投放在股市和不動產方面。

　　基金會將原來存在銀行的基金，請專業金融機構在全球範圍內進行價值投資，這可以說扭轉了這筆基金的命運。

　　從2001年開始，諾貝爾獎的總資產已經上漲到3000萬美元，截至2011年，諾貝爾基金會總資產高達70億美元，已經是設立之初的714倍了。諾貝爾基金會長線投資的歷史就是追求複利收益的歷史，雖然經歷了人類的各種天災人禍和戰爭，可是一路走來，長線仍有非常可觀的複利收益，產生了取之不盡用之不

竭的效果。

　　這就是複利的力量。

　　複利，就是將當期產生的利息計入本金中，作為下一期的本金繼續計息，俗稱「利滾利」。複利是相對單利來說的，兩者最大的區別在於，單利只對本金計算利息，而複利則對本金和利息一起計算。

　　複利的計算公式：$F = P \times (1 + i)^n$，其中P為本金，i為年化收益率，n為年限。從公式就可以看出，複利收益主要由三個因素決定：本金、年化收益率、投資年限。

　　首先是本金。如果本金很少，即使投資收益很高，要想達到一定的總金額，也會需要很長的時間。假設目標理財金額是10萬元，一個人擁有本金1萬元、年化收益率20%；另一個人擁有本金5萬元、年化收益率10%，那麼前者需要13年，而後者只需要8年。

　　要想提高最終獲得的收益，就需要我們盡量積攢本金，不僅要開源，更要節流。

　　其次是年化收益率。同樣的本金，同樣的投資年限，不同的年化收益率，最後得到的結果也是相差巨大的。同樣是1元錢，要想把它變成100萬元，你覺得需要多久？

　　如果你的年化收益率是0%，也就是你從不理財，那它永遠也不可能變成100萬元；

　　如果你的年化收益率是3%，那麼它需要468年的時間，才能變成100萬元；

　　如果你的年化收益率是20%，那只需要76年的時間，1元錢

就能變成100萬元！

最後是時間。假設同樣的本金、同樣的年化收益，年限越長，獲得的收益越多。最典型的代言人就是巴菲特。

巴菲特從1957年成立公司，開始為親朋好友管理資產，初始資金約10萬美元，長年維持20%左右的年化增長。乍看可能會覺得，20%也沒有很高啊？的確，論單一年度收益，巴菲特不一定是全球第一，但經過幾十年的複利，現在的資產是非常驚人的。

你可能會說，複利真的這麼厲害？但是為什麼好像我從來沒有切身感受到複利的力量？

很多人剛開始存錢的時候，都會覺得這個過程好緩慢。第一年好不容易存了1萬元，再怎麼投資也就只能產生幾百元。第二年本金變成了一萬零幾百元，結果發現房租都漲了不止幾百元，不由得大失所望。就這樣，激情慢慢褪去，大部分人都在這個階段選擇了放棄，覺得一點小錢沒必要折騰了吧，然後就心安理得地回到了原來的狀態。

巴菲特52歲之前，資產總值還只有376萬美元，但從那之後，他的財富就開始飛速增長。到2020年，巴菲特已經擁有1300億美元的資金。也就是說，他一生中99%的財富都是在52歲之後獲得的。

在複利的影響下，一開始你和別人的差距並不會太明顯，進步總是很微小，小到你甚至感覺不到。但隨著時間推移，這種差距會越來越大。

巴菲特曾說：「人生就像滾雪球，重要的是找到很濕的雪和

很長的坡。」其中「很濕的雪」就是找到穩定的回報率,「很長的坡」就是足夠長的時間與足夠久的堅持。

在複利過程中,對比穩定和高回報率,更重要的是穩定。要想讓複利發揮作用,前提就是本金不能虧損。巴菲特之所以能成為股神,並不是他的收益有多麼高,而是他驚人的耐力和穩定性,在他62年的投資生涯中,只有兩次虧損。

複利的真正本質是做A增強了B,反過來B又增強了A,由此形成了正向的循環回路,也就是做一件事情可以產生累積,而不是一次性的效果。打個比方,你今天學習新的知識時,把昨天所學的知識也用上了,這就產生了複利效應。但如果你今天學習新的知識時,已經把昨天的知識忘記了,其實你依然停留在原地。在投資裡也一樣,當你獲取新的收益時,需要保證本金的穩定,這樣才能讓複利發揮作用。

除了穩定,還需要堅持。就好像春天播種,細心呵護耐心等待,給種子足夠的時間成長,熬過夏天,才會迎來收穫的季節。

不僅是投資和財富增長,人生成長的各方面,都可以讓複利發揮魔力。

就好像我做的關於理財內容的分享,也是有複利效應的。一開始漲粉很慢,一天增長一兩個粉絲,但只要持續不斷地輸出,一旦突破某個臨界值,就可以看到資料的飛速增長。透過持續輸出,我不僅鍛鍊了自己的思考能力和表達能力,還透過輸出倒逼輸入,讓我不斷完善自己的投資體系,再繼續輸出,讓更多想要學習投資的人,培養正確的投資理念、走上正確的道路。

你或許見過下面兩個勵志公式:

$$1.01^{365} = 37.78$$
$$0.99^{365} = 0.03$$

365代表一年的365天，1代表每一天的努力，1.01表示每天只多做0.01，0.99代表每天少做0.01。如果你每天進步0.01，一年後你所收穫的就是一年前自己的37.78倍；但如果每天退步一點點，一年後將會從1變成0.03，你變得一事無成，被人拋在後面。

在複利力量的影響下，你不需要每天進步很多，只需要每天都堅持進步一點點，人生將會大有不同。而所謂的進步，就是向前走，今天比昨天有所突破。比如你比昨天多學會了一個單詞，多讀完了一本書，多知道了一些新的知識，思考事情的思路比昨天更清晰了……這些進步日積月累，多年之後能讓你的人生發生非常大的改變。

利用零碎時間一點一滴地學習和改變，積少成多，量變終會引起質變。不管是投資、理財、工作還是創業，人生的各方面都是如此。

但如果你一直在重複做一樣的事情，卻期待產生不一樣的結果，是不可能的。

複利的力量，只會展現給願意堅持下去的人。我們要做的，就是先反覆運算自己的思維、確保自己走在正確的方向上，然後該工作就好好工作、該生活就好好生活，與時間為友，相信隨著時間的增長，複利會帶你去到想去的地方。

第四章

你想過怎樣的生活

1. 定義你的理想生活

　　大多數人都想在30歲時過上自己想要的生活，但如果我問你，你理想的生活是什麼樣？可能沒有幾個人能真的描述出來。

　　其實，越是缺乏理財思維的人，越難描繪出未來的理想生活。但是理想生活不會在那邊等著你，而是需要你去尋找並創造它。

　　要想過上理想人生，第一步先要描繪自己的理想生活，知道自己到底想過什麼樣的生活，這樣才能去創造，去執行。否則就好像無頭蒼蠅，不知道自己要往哪裡去。

　　你可以試著暢想一下10年後的某一天，你理想中的生活是什麼樣的。拿我來說，我理想生活中的一天是這樣度過的：生活在喜歡的城市，早晨8點起床，送孩子去上學，然後在健身房健身、做瑜伽，接著去家附近的辦公空間或咖啡店寫作、檢視自己的投資情況；下午見朋友、看展覽，傍晚接孩子回家，晚上和丈夫、孩子一起用餐、享受家庭時光，睡前閱讀或是看一部電影；如果遇上喜歡的活動，不用擔心請假的問題，可以隨時去參加，如果活動在其他城市，也可以隨意安排。

　　描述完我想要的一天，就可以看出其中的關鍵點在於自由。

我要自由安排自己的時間，不用趕著打卡上下班，也不用因為加班犧牲陪伴家人的時光。

可能有些人的理想生活是這樣的：參加各式各樣的會議，自己可以作為會議的主導人決定一個企業的發展方向；也有人會描述希望在大自然的環境中進行文學或藝術的自由創作……這都代表了不同的人想要的生活方式。不同的生活方式本身沒有對錯，關鍵是你要想明白自己想過怎樣的生活，這樣才能明確自己要去往的大方向。

有了這個方向，你才能確保自己做的任何事情、任何決定，都朝著這個方向前進。如果沒有，你可能會做做這個、試試那個，沿途看到不錯的機會都想試試，結果反而讓你離想去的地方越來越遠。

我們的一生中會遇到無數個人生岔路口，每一個選擇都可能會改變我們的人生方向。有時候很多機會有著華麗的外衣，看起來很誘人，讓你忍不住想抓住，但這種時候你更應該冷靜下來思考，接受這個機會、做出這個選擇，是否真的能夠帶你往你的目標前進？

有時候，拒絕比接受更難，也更重要。

舉個例子。我已經意識到我想過的生活是自由的，希望不為任何人、任何企業工作，可以完全掌控自己的時間，可以和自己的家人在任何喜歡的地方工作生活，也可以創造更多屬於自我的價值。但如果我今天突然遇到一個獵頭，對方想勸說我去一家世界一流的大企業從事一份高薪的工作，我應該接受嗎？

可能很多人的反應是這樣的：哇，這麼難得的機會，多少人

想求還求不來呢，趕緊好好把握啊！但我會沉下心來思考，如果接受了這份工作，我又會成為沒有自由的「打工人」，每天按時上下班、辛苦熬夜加班、一年的工作換來10天假期……這個機會其實使我偏離了我定下的方向，讓我離我的理想人生越來越遠。

　　這就是描繪你的理想生活的重要性。當你心裡知道自己的終點在哪兒，你才能在做任何重要的決定前，有一個參照系，不跑偏，朝著理想的人生一點點前進。

　　有了這個方向，第二步就是要基於你的理想生活，拆解出更清晰可執行的年度目標。

　　需要注意的是，「希望今年能獲得更多成長」「希望今年能變得更優秀」這種大而空的新年期望不能夠算作目標，需要取而代之的是「希望今年讀完12本書」「希望今年產生2萬元被動收入」這種具體又清楚的目標。

　　例如，因為我的理想生活是希望未來成為一個更有影響力的自由創作者，所以我在去年年初給自己設定目標的時候，就寫了一項：希望30歲前可以出一本書。這是我透過我的理想生活拆解得到的一個可執行目標。當時我把這個目標分享到社交網路，也有網友問我，請問怎麼才能出書？那個時候我心裡毫無答案，只能如實回答「我還不知道」。但是內心裡有了這個目標之後，我知道自己更需要持續不斷地寫作和輸出，並且也開始有意識地讓自己創作的內容往一個更具體的主題靠攏，而不是像之前一樣想到什麼寫什麼，漫無目的地隨心創作。沒過多久，就有不同的出版社主動找到我，希望探討出書的事宜，一年後這個目標真的

實現了。

　　理想生活並非遙不可及，只要你有意願和決心，金錢、名譽、地位和幸福你都能得到，但前提是你必須知道自己想要的到底是什麼。

　　有一本書叫《思考致富》，書中作者花了20多年的時間去研究那些成功的人，例如愛迪生、福特、卡內基……發現他們都有一個共同的習慣，就是頭腦裡有清晰的目標，具備描繪夢想的能力。這個能力，其實每個人都可以培養起來，你甚至現在就可以拿出紙筆，列出那些你想做的事。

　　如果你覺得無從下手，不妨先回答一下下面三個問題：

　　問題一：5年後的你，想成為什麼樣的人，過什麼樣的生活？

　　問題二：如果你現在所在的公司／行業消失了，你會做什麼？

　　問題三：假設錢／面子不是問題，全世界所有工作都是同樣的薪資，你想做什麼？

　　這三個問題實際上是《做自己的生命設計師》這本書裡提出來的。這本書的作者是史丹佛大學人生實驗室的兩位創始人，比爾‧博內特和戴夫‧伊萬斯，他們不僅是矽谷著名的創新者，也是知名的人生設計師——他們開設的人生設計課是史丹佛大學近年來極受歡迎的課程。這兩位教授認為，人生並不存在唯一的最優解，人生也不可能被完美規劃，但是理想的人生就和蘋果手機一樣，可以運用設計思維創造出來，經過不斷嘗試、犯錯、失敗，得到一個越來越接近理想的產品。

上面的三個問題，其實就是在引導你去設計三個不同版本的人生。

第一個問題，對應的是你現實版本的人生。大部分人被問到這個問題，都會根據現在的生活軌跡，去規劃5年後的生活。

拿我自己來說，我會希望5年後的自己成為一個被更多人知道、更有影響力的知識型博主，希望自己可以完全自由安排自己的時間、和自己的家人在任何喜歡的地方工作生活。有人可能會希望5年後成為公司的中層領導者、成為一個母親或是成功跳槽轉行——這也意味著你不喜歡現在的工作。這個問題，其實是在幫助你分析測評你對目前生活的滿意程度。

第二個問題，對應的是你第二個版本的人生。這個問題其實是在問你，如果可以重新選擇，你會選擇什麼樣的職業和人生方向？

我現在從事自媒體的內容創作，雖然我並不覺得這個行業會消失，但退一萬步講，如果自媒體消失了，我想我依然會選擇從事與內容創作相關的職業。如果可以重新選擇，我大學可能不會選擇新聞傳媒專業，或許會選擇進入文學系，將自己的「文藝細胞」培養到底，看看我能不能成為一個正經八百的文學作家或是編劇。很多人可能因為不滿意自己現在的職業和收入，如果能重新選擇，絕大機率都會選擇金融、電腦等高薪行業相關的專業，這種出於現實情況的考慮也沒什麼錯，這個問題會幫助你認識到你現在缺乏的東西和真正看重的東西。

第三個問題，對應的第三個版本的人生，實際上是你放飛的人生圖景。

　　如果不用考慮金錢和任何其他因素，我希望成為一名創作型歌手。這個答案是不是很意外？我小時候學過一段時間鋼琴，很遺憾沒能堅持下來，內心好像總有一顆關於音樂的種子沒能萌芽。我當然知道音樂創作需要極大的天賦和堅持，要花費不少的金錢，成功之路也格外艱辛，但如果這些通通不考慮，我會覺得能夠自由創作音樂、用歌曲表達自己是一件快樂的事。為了這個夢想，我決定從現在開始存錢、花時間學習演奏樂器，可能未來的某一天我真的能創作出屬於自己的音樂。

　　這三個問題，其實都是用來進一步加強你擁有多種可能性選擇的意識，能夠釋放你的想像力，跳出當前生活的框架，而不是照著保險公司在推銷保險產品的時候經常使用的那種人生計畫表來制定自己一生的目標，僅僅以現在的收入為基準，計畫多少歲結婚、多少歲生子、多少歲開始退休養老……越是縝密地計畫這一生，就越容易被條條框框所束縛，人生也就成了定式。

　　因為理想生活本來就沒有一個標準的定義，不是擁有一個商業帝國才算成功，也不是兒女雙全就是人生贏家。真正成功的人生，是過上你自己想要的生活，這個答案，只有你自己知道。

　　透過給自己設計三個不同版本的人生，你或許會發現自己內心真正所愛。因為有了要實現的目標，並不斷提醒自己這個目標，自然而然就會減少無用的消費，離理想生活越來越近。

　　你想要的生活，只有你自己知道，也只能自己爭取，自己掌握。

2. 想提前退休，需要多少錢

提到退休，你會想到什麼？

傳統的想法可能是這樣：在OA間裡每天朝九晚五上班，每年休假14天，賣力工作賺錢，工作40年後終於可以退休，再也不用工作。然後可能和老一輩一樣，用國家給的退休金和自己辛苦攢下來的養老金去住安養院，養花養鳥。

不知道你聽完怎麼想？我的第一感覺是：天哪，我辛苦工作一輩子就為了這樣的退休生活？未免也太無聊了吧？等到我退休的時候，人也老了，身體也衰退了，很多想做的事情還來得及做嗎？

這個時代，似乎人人都想財富自由、提前退休，想脫離朝九晚五的工作，但是又有幾個人真的去思考計算過，到底要賺夠多少錢，才能提前退休？是可以支撐一趟旅行的2萬元？還是一線城市一套房的1000萬元？還是如很多媒體所說的那樣，是一個普通人根本就無法達到的天文數字？

你有沒有想過，為什麼生活要分先後順序？為什麼要先天天重複做無意義的事，等到40年之後才開始真正享受生活？可不可以不等到人生的盡頭、身體退化的時候，就開始真正的活著？

你可能不知道，現在很多人已經開始這樣做了。

歐美國家現在有一個很流行的運動，叫「FIRE」。FIRE是「Financial independent, retire early」的簡稱，也就是財富自由、提前退休。FIRE不只是一個空洞的概念，而是提出了一個切實可行的讓自己實現提前退休的財務計畫。這個計畫分為三步：

第一步，首先你需要知道自己一年的生活開銷到底是多少。

又要強調記帳的重要性了。如果不記帳，你可能無法知道自己每個月到底要花多少錢。這裡的花銷不包含奢侈性的娛樂消費。

第二步，用你一年的開銷乘以25，得到你需要的退休總基金。

為什麼是乘以25？這裡是按照4%的年化收益率來計算——4%算是一個比較容易達到的投資理財收益，4%可以說是大部分人都能很輕鬆達到的目標。如果有了4%的收益率，那麼每年就可以用投資產生的利息來生活了。

打個比方，我之前在北京的時候，一年大概需要10萬元的基礎生活費（包含住房、交通、飲食和必要的社交活動），那麼我需要努力存夠10萬元×25＝250萬元的退休總基金，這樣我就可以每年獲得250萬元×4%＝10萬的利息，足以覆蓋我的基本日常開銷，完全不用依賴工作產生任何收入，也可以生活了。

這裡可能會有兩個問題。第一個問題是，250萬元連一線城市的一套房都買不起，難道一線城市買一套房，就可以實現退休？

這裡要注意的是，退休基金指的是可以不斷產生收益的本金，你必須在不影響本金的情況下每年提取收益，才能覆蓋你的日常開銷。如果是自住的房子，自然不能算在退休基金裡，因為你在使用房子的過程中是無法產生額外收益的。但如果是投資的可以收租的房產就不一樣了，你只需要提取房子產生的租金，房子本身不受影響。

第二個問題是，通貨膨脹不用計算嗎？事實上，4%是一個幾乎不用付出任何努力就能達到的收益率，只要稍加努力，獲得更高的收益完全可能，也足夠應付通貨膨脹。不過也要知道，FIRE裡給出的只是一個較為粗略的、適合大部分人的計算方法，每個人都可以根據自己的實際情況加以調整。

第三步，明確你想在多少年內實現退休，這樣可以算出你每個月需要存多少錢到你的退休基金裡。

以250萬元的退休基金目標為例，如果你想在10年內實現退休，需要每年至少存25萬元，每個月存2萬元。

也許這對於目前的你來說仍舊是一個比較難達到的數字，但無論如何，財富自由、提前退休在你心裡終於有了一個具體的數字和目標，而不再是模模糊糊的一個妄想了。

FIRE網站上有很多真實的提前退休的成功案例。例如美國加州一對28歲的年輕夫妻歐文和阿利，兩人都是矽谷大公司的工程師，加起來一年收入25萬美元。但他們在社交網路上坦誠表示：「在別人眼裡我們是加州高收入的工程師，但只有我們自己知道我們並不快樂。我們不願困在辦公室桌前，只為了賺錢而工作，而想更親近生活和自然。」

　　當他們得知FIRE運動後，便有了切實的目標。這對夫婦開始為提前退休存錢：每月只在外面吃一兩次飯，節省了很多的飲食開支；賣掉了原來的車，買了一輛更便宜、更省油的車，這意味著又節省了幾千美元；他們還花了27萬美元在加州買了一間四房的房子，但不用自己支付房貸，因為他們把其中的三間臥室都租了出去。

　　看起來好像生活水準大打折扣，但其實他們絲毫不受到影響：「我們減少開銷，減少外出用餐的次數，但這並沒有減少我們的快樂。我們自己烹飪食物，這讓我們有更多的時間在一起。」

　　建立了一定的財務基礎後，他們終於放棄了讓人羨慕的中產白領生活，辭去了工程師的工作，花8800美元購買了一輛房車，並開始了環繞全美國的旅行。住在房車裡，他們開發了線上課程、分享他們的理財經驗，一邊旅行、一邊生活。

　　說完這個真實的FIRE故事，或許你也可以想想，你想什麼時候退休？有多想？你願意做出什麼實際行動來實現提前退休？

3. 數位遊民與地理套利

　　說到提前退休，就不得不提到數位遊民與地理套利了。

　　地理套利，簡而言之，就是利用你的地理優勢讓你的錢發揮更大價值。也就是說，我們要學會利用兩個地理位置之間的成本差異，用低成本去過高品質的生活。比如你可以在經濟實力較強的地區（如國內的一線城市或發達國家的大城市）賺錢，在經濟較弱的經濟體（如國內的三四線城市或東南亞國家）消費。

　　我最早知道地理套利，是在美國的時候，聽說許多矽谷的工程師選擇搬離物價高昂的舊金山，去到生活成本更低、物價更便宜的國家（例如東南亞地區的國家）生活；與此同時，他們透過網路工作，繼續賺著美元，利用匯差帶來的優惠過奢華的生活，這就是典型的地理套利。就好像拿著七八千元月薪的人，在北京、上海屬於底層，會過得比較辛苦；但如果去到東南亞生活，依舊可以為北京、上海的公司工作，拿同樣的薪水，這筆錢就變得值錢了。

　　能夠這樣不受地理限制，只要有電腦有網路，可以在任何地方工作，工作與休閒沒有鮮明界限的人，就是「數位遊民」。

　　1997年，索尼前CTO牧村次雄和大衛·梅樂斯合寫了一本

書，叫《遊牧上班族》，於是「數位遊民」這個名詞就誕生了。和傳統的遊民一樣，數位遊民也是持續性地在旅行，從一個國家到另一個國家，但和一般旅行不同的是，他們在旅行、生活的同時，也在繼續工作。數位遊民中有一些是某家公司的遠端員工或兼職員工，另一些則是有一技在身、可以透過網路工作的自由職業者，例如設計師、作家、自媒體人、程式設計師等，還有一些創業者，有著自己經營的線上業務。

　　初次聽到這個詞，你可能會覺得美好得不真實，但實際上，越來越多的人過著這樣的生活，全球的數位遊民社群也正在日漸壯大，最大的數位遊民社群則集中在泰國的清邁與印尼的峇里島。尤其是疫情以來，遠端辦公正在成為一個不可逆轉的大趨勢，數位遊民這種生活方式也變得更加容易觸達。

　　我從矽谷回國後的四年，一直生活在北京。北京和舊金山一樣，房價、物價等各項成本都很高。雖然在北京的這幾年我過得非常充實、豐盛，但也不得不承認客觀事實，我也覺得有一定的生活壓力。

　　在北京的時候，看到身邊朋友們一個一個穩定下來，工作平穩上升，打算結婚準備買房，而我自己雖然身邊有相愛的伴侶，卻好像看不到和大部分人一樣的安穩未來。之前很多人跟我說，我現在之所以可以隨心所欲，想去哪兒就去哪兒，是因為我還沒有孩子。等之後有了小孩，就不得不考慮穩定下來承擔起家庭的責任，因為所有人都這樣。

　　我之前也一直對這個說法深信不疑，但走過的地方越多、接觸的人越多，就越覺得，並不是所有人都只有一條生活路徑。每

條路都有好壞兩面，但關鍵是，你想要的是哪條路。

　　我開始嘗試數位遊民的生活，一方面是因為我辭去了北京的工作，另一方面是受到他人的啟發，我在網上看到一位自己一直很喜歡的瑞典小眾品牌的創始人，在紐約生活了五年之後，竟然攜家帶眷搬到了峇里島。

　　這個品牌的創始人和我媽媽的年紀差不多大，有三個女兒，其中最大的一個剛上高三，最小的一個才上小學五年級。這事讓我挺吃驚的，50多歲的人了，竟然說走就走，而且還是帶著全家一起出走。在我們的文化裡，是不是顯得太不負責任了？但她在家庭與事業兼顧這塊做得非常好。在事業不斷發展的同時，她也最大限度給三個孩子創造了自由成長的環境。每一次搬家，也都是全家商討共同決定。在這樣的環境中長大的孩子們，見的世面廣、體驗探索更多，早早知道自己的愛好，也獨立得很早，但同時，在相對單純的社會中，又得以保留天真。

　　我想起曾經看到一個博主說，如果拋開階級差異，文化差異真的沒有那麼大。全世界的窮人都在被雇傭、焦慮，而有錢人都在全世界做生意，把孩子送進最好的學校。雖然看起來有點不公平，但的確是現實。話又說回來，主動權終究是在每個人手上。人生會得到一些東西，也總要放棄一些東西，我們總是在這樣不斷地取捨中找到屬於自己的平衡。

　　在我28歲的時候，我終於下定決心離開北京，也想嘗試一下數位遊民的旅居生活方式。於是，我和我老公買了兩張北京到曼谷的單程機票，就這樣開始了數位遊民的人生體驗。

　　之所以選擇東南亞，是因為那邊物價非常低，且生活品質很

高。我之前做過一次曼谷的短途旅遊，一到曼谷就被震驚了。這裡根本就是一個不輸香港、上海的大都市，但是生活成本大概只有它們的1/3。當時我就忍不住在心裡想，要是能在這裡生活上幾個月就好了。所以我決定做數位遊民的第一站就選在了曼谷，在這裡，只需要2000元人民幣的月租金，就可以租到市中心的一房公寓；即使是去不錯的餐廳吃飯，一頓飯人均也不過四五十元人民幣。

我在吉隆坡生活的時候，也住在一棟非常現代化的飯店式公寓裡。公寓的位置很好，周圍有大商場、超市、各種餐廳酒吧和夜市，大樓裡還有超級豪華的游泳池和健身房。從住居步行到雙子塔不過20分鐘。這樣一間公寓，即使是日租，一天的房租也只要100元人民幣。如果長租，價格還會更低。

選擇這樣的地方生活，開銷大幅降低。在東南亞，一年只需要5萬元就可以過上不錯的生活，這就是地理套利和數位遊民的魅力。

並且，地理套利並不總是需要出國，在國內也是可以的。2020年，因為疫情，我沒能繼續我的旅居生活，暫時回到了家鄉重慶。從上大學離家後，這是我第一次回到重慶生活，發現這裡也是一個生活成本很低、生活品質很高的城市。

我還聽說過一個最佳的地理套利的現實生活案例。有人從美國舊金山搬到灣區北部的奧克蘭，僅僅十幾公里的距離，每年卻可以節省8000美元的房租！同理，我身邊也有朋友在疫情之後，從上海搬到了蘇州，在家遠端辦公，一週坐高鐵來回幾趟即可，省了很多房租。

　　所以，現實生活中充滿了地緣套利的機會。

　　住房費用其實是我們大部分人排名第一的費用，所以不如想一想，你是不是也有可以在當前所在的地區節省住房費用的方法？

　　換個思路，或許實現夢想並不需要太多的錢。

4. 你想要短期的旅遊，還是長期的自由

　　我一直以來都非常熱愛旅遊。之前在一部美劇裡看過一句台詞，印象很深刻：「房子是我們為自己打造的牢籠，就像車和智慧型手機。我們以為有了這些會變得更聰明，其實反而更笨了。在旅行中，你不斷遇見新的城市，獲得重新擁抱自己國家的機會，而不只是在電視上或者網上看到的那樣。」

　　正所謂「生活在別處」，三四天的旅遊就可以讓自己逃離枯燥乏味的日常生活，重獲新生。從我工作以來，除去日常開銷，我有很大一部分花費都用在了旅行上。只有要假期，不管是三天的端午假期還是七天的國慶長假，我一定不會在國內待著。印度小山村裡冰冷的空氣，加勒比海翠綠的海水，土耳其迎著日出的熱氣球，斯里蘭卡午夜璀璨的星空，拿坡里彷彿火焰般鮮豔的晚霞……很多個這樣的時刻，我都覺得自己又重新從高壓的都市生活中活過來了。

　　然而幾天之後結束假期，坐紅眼航班飛回國，有時候還因為時差，需要從機場直奔公司打卡上班，瞬間就被打回冷冰冰的現實。

　　很長一段時間裡，如果被問到夢想是什麼，我會回答，環遊

世界──這可能也是大部分年輕人的回答。

如果實現財富自由，再也不用工作，每天遊山玩水去不同的地方感受新奇，不用急著第二天結束假期回去工作，該有多好啊！

一本書的出現改變了我的想法。這本書是我在讀了《富爸爸窮爸爸》之後，再一次刷新我三觀的書，叫《每週工作4小時》。書裡說，旅行只是選擇之一，我們的終極目標是為自己多爭取一些自由的時間和空間，並在任何地方都能享受它們。

換句話說，短期旅遊不過是我們為了面對長期高壓工作，給自己製造的止痛藥，但實際上「治標不治本」，短暫休息之後，我們依然需要回到工作崗位。我們應該追求的其實不是短期的旅遊，而是長期的自由。

《每週工作4小時》的作者提摩西・費里斯在書裡講述了自己如何從一個每天工作12小時、每週工作6天、以「玩命工作「的敬業精神為自豪的工作狂，蛻變為一個每週僅工作4小時的有錢有閒人士。雖然工作時間減少了很多，但他的月收入卻上升到5萬～ 10萬美元。與此同時，他可以舒舒服服地環遊世界，做一個超級數位遊民。他在阿根廷贏得了探戈比賽冠軍，在歐洲玩摩托賽車，在巴拿馬潛水，在日本學習馬背騎射……

提摩西認為，少做並不意味著懶惰，重要的是高效，而不是忙碌。我們完全可以透過合理分配時間，只做重要的事情以減少工作時間，同時透過減少設定的工作時限來做最重要的事情。

這個觀點有點像管理學中的「帕金森法則」：任務的重要性和複雜度與所分配的完成任務的時間密切相關。簡單理解就是，

同樣的任務，如果給你一週去完成，你需要保持高效的工作節奏；但如果給你兩個月的時間去完成，就變成了一場精神磨難。因為短時限要求精力高度集中，這樣做出來的產品通常比長時限下做出來的好，甚至品質更高。很多情況下，因為每天有8小時的時間要填滿，我們才會用8小時去完成工作。但如果有一件緊急的事情需要我們在2小時內做完，神奇的是，我們往往會在2小時之內出乎意料地完成工作。

所以，提摩西覺得工作不應該佔用我們全部的時間，工作和生活、娛樂、休閒的界限也沒必要那麼明確。直到今天，他也一直在實踐自己提出的理論，過著他書裡寫到的生活：「告別朝九晚五，旅居世界各地，邁入新貴階層。」而所謂「新貴」階層的財富，在他看來不是金錢，而是時間和自由。

就如同他在書裡說過的一句話：人們根本就不想要100萬美元，人們想要的是那100萬美元能買到的生活體驗。

我曾經也以為追求財富自由，是為了再也不用工作。但後來我體驗過沒有工作時無所事事的生活，發現自己根本就閒不住。我在東南亞旅居的時候，漸漸發現去海島、去度假村、去曾經嚮往很久的城市，都不再能那麼令我感到興奮了。我更想與人產生連結，要創造價值、學習新東西、找事情做，總覺得人不能閒著，得找點事做。

很多人覺得工作很久之後去海邊休息一個星期是給自己充電，但如果真讓你在海邊休息一年什麼也不做，我相信絕大多數人都不會喜歡這樣的生活。短暫的休息會讓你保持對假期的新鮮感，但是無限延長的休息，只會帶來消極和懶惰。

即使你有了很多錢，每天無所事事，也並不會給你帶來快樂。人生一旦失去目標，就連曾經我們最熱愛的旅行，最終也只會變成日復一日的打磨時間罷了。

哲學家蒙田說過：「有那麼一段時間，我在家中閒居，盡可能地不讓自己被俗務纏身，我本以為，什麼都不幹，只是憑著自己的喜好，就可以怡情養性。可是，事實跟我料想的不太一樣，這樣的狀態維持得越久，我的心就越沉重，越難以振作。」

所以，我們所追求的財富自由，並不是要逃離工作，而是要改變工作的意義。

現代社會常常強調「工作生活平衡」，是因為我們在潛意識裡把工作與生活當成了兩個對立面。工作是為了賺錢，而生活是為了放鬆。但是大部分人放鬆的方式，不過就是消費，然後為了填補放鬆帶來的缺口，繼續拚命賺錢。

但是，當我們觀察整個人類歷史，就會發現，那些度過幸福一生的成功人士，大多是沒有工作與生活的邊界的。他們熱愛工作，也熱愛生活，他們在生活中愉快地工作、創造價值，也在工作中放鬆地享受生活。

瘋狂工作然後用旅遊麻痺自己或是工作幾十年後徹底退休對於他們來說都不夠理想，他們追求的是最基礎的財富自由和更重要的時間自由。

比如有些人會選擇「兼職退休」：在退休後，做一些兼職工作，例如做自媒體、寫小說或者去咖啡店或青年旅社打工，做自己喜歡的同時也能賺到一點錢的事情。這樣不僅可以有效利用時間，還可以增加資金收入。

　　還有的人會選擇「間隔退休」，有點像我們常說的間隔年，就是在人生的任何階段都可以暫停，而不是非要等到自己達到一個硬性的前提條件。

　　前面提到，如果想徹底退休、完全靠利息生活，你需要存夠25倍於一年生活費的費用。但是，如果你只要間歇性退休一年或是兩年呢？那你只需要存夠接下來一兩年的金錢，就可以提前去體驗退休的生活。

　　例如，我在北京一年的生活費是10萬元，我只需要存夠10萬元，就可以給自己一個間隔退休年，即使不做任何與賺錢相關的事情，也不用擔心自己的生活受到影響。在此基礎上，擁有充足的時間去探索、嘗試，發現自己的熱情所在，讓工作和退休生活交織在一起。

　　兼職退休、間隔退休的目的其實都是為了更高效地工作，也都是一種尋找、探索、創造的旅程。你也完全有可能在體驗退休之後，發現退休生活根本不需要你以為那麼多的錢──就和去到東南亞旅居之後的我一樣。

　　比如現在的我，就對短期旅遊不那麼感興趣了。我去過很多國家和城市，但在我看來，如果只是幾日的觀光旅行，即便再深度地旅行，都無法真正地和一座城市建立深層次的聯繫。旅遊彷彿一個美好濾鏡，你看到的大多數風景是這個城市精心準備、要展現給遊客的最美好的一面。而只有住在一個地方，在那裡生活，看過它的美麗與友好，也看過它卸下妝容的另一面後，你才能真真切切地愛上它。因此，旅居生活是一種完全超越於旅遊之上的優質體驗。

　　例如我在泰國、越南、馬來西亞、印度，每個地方一住就是一個月。時間很充裕，每天也都過得很充實。在吉隆坡，比較多的日子裡，我會早起去樓下的便利店吃個早餐，然後找一家舒服的咖啡店，點一杯冰拿鐵坐一整天，做設計、寫代碼、寫作、剪視頻、研究投資。傍晚沒有那麼曬的時候，就出去走走逛逛，去附近的夜市找一家小餐館吃個晚餐，然後回家繼續看書，有時看一部電影或者美劇。偶爾去電影院看場電影，逛逛美術館，路過不同的商場進去逛逛，躋身遊客當中感受熱鬧，也很開心。

　　現在的我每週工作時間其實也不算長，我不用再身心疲憊地加班，也不再無所事事，而是能夠在生活裡獲得工作的靈感，又在工作中表達我對生活的感悟，這樣的狀態讓我感到非常滿足。因為時間可以自由安排，當我想旅行的時候，我可以隨時出發，換一個城市短暫生活，認識新朋友，在新鮮的環境中產生與一座城市的連結，當然，也可以在各式咖啡店裡工作，這和以往那種觀光式的旅遊完全不同。

　　這就是擁有被動收入後的好處──一定程度的財富自由下的工作，可能是為了自我實現、獲得成就感或是追逐自己的興趣，而不只是為了賺生活費，也不會只以金錢報酬為衡量標準。你可以一邊旅行，一邊工作，一邊生活。你不再需要用旅遊來麻痺自己，因為自由已經成為你長期的狀態。

　　我們想透過投資理財實現財富自由、提前退休，並不是只關心銀行餘額，而是要學會用錢買回我們的時間，去過自己真正喜歡的生活。在這個過程中，真正重要的不是賺到多少錢，也不是走過多少國家成為旅行達人，最重要的是知道自己要什麼，並擁

有選擇的能力。

　　下一次當你很想去旅遊的時候，不如回想一下我們前面提到過的延遲滿足。說不定放棄這一次的旅遊，把這筆錢換成一份能帶來收入的資產，也許它會在幾年後為你帶來隨時隨地享受旅行的自由生活。

第五章

多元收入與斜槓人生

1. 你有斜槓身分嗎？

　　如果說前四章主要是講理財的心態方面，重點在節流，那麼從這一章開始，我們將正式進入開源的部分。

　　「斜槓」這個詞大家一定都非常熟悉了，指的是一種不再滿足專一職業，而選擇擁有多重職業和身分的多元生活方式。斜槓來源於英文Slash，也就是「／」符號，這個概念出自《紐約時報》專欄作家麥瑞克・阿爾伯撰寫的書籍《雙重職業》。很多人在自我介紹中會用斜槓來區分自己的多重職業身分，例如我們知道的很多明星，都不止一個身分。比如趙薇，是演員／導演／酒莊老闆娘；海泉，是演員／製片人／投資人……

　　不光是明星，普通人中也有很多人擁有斜槓身分，他們可能有份朝九晚五的穩定工作，在工作之餘會利用才藝優勢做一些喜歡的事情，並獲得額外的收入。你身邊或許也有這樣的朋友，他們白天是銀行職員，晚上經營自己的網路社群；或是白天在外商上班，下班後經營自己的餐廳或酒吧。

　　斜槓一詞現在在全世界範圍內都很流行。例如2018年日本的勞動改革，打破了人們對員工的傳統認知。以前企業要求員工成為T型人，也就是在某個領域具備專業知識，擁有單一的收入

來源；2018年開始，日本鼓勵員工成為H型人，鼓勵他們具備至少兩種專業能力，並能透過這樣的技能獲得收入。

　　這裡需要強調，並不是所有的身分都叫斜槓身分，只有擁有多個收入來源才能稱之為斜槓，因此一個斜槓應該代表一種收入。

　　比如有人說：「我既是一個媽媽，也是一個妻子，我也是斜槓人。」媽媽和妻子的確都是不同的社會身分，但卻不能算作斜槓，因為這兩種身分都不能帶來收入。

　　再比如有人下班後報了一個舞蹈興趣班，就說自己是斜槓舞者，其實也不成立。僅僅只是接觸了某個領域，還沒有透過長期投入讓自己獲得直觀的收入，並不能標榜為「斜槓」。

　　所以，成為「斜槓」並不是一件容易的事情，畢竟任何一種技能的獲得都離不開長期的堅持付出以及嚴格的自律。但「斜槓」也值得我們每一個人去為之努力，因為它不僅能增加我們對抗未來不確定性和突發事件的籌碼，也能幫助我們在保持現有收入的同時，去嘗試找到自己真正熱愛的事情。

　　如何發展出斜槓身分？主要可以從以下兩個方向來思考：

　　第一，從自己的興趣出發。

　　大部分人的斜槓都是從自己的興趣愛好開始的，這樣既能夠保證自己有穩定的收入來源，又可以做自己喜歡的事情。所以，你需要先瞭解自己有沒有一種在沒有任何壓力的情況下最喜歡做的事，你甚至會為了這件事廢寢忘食？

　　以我自己舉例，我的第一個斜槓身分是兼職的英語口語老師。發展出這個斜槓是因為我日常最喜歡做的一件事就是看美

劇，有時候會熬夜看到半夜，我的英語口語水準也是這樣提高的。每當有人問我怎麼學好英語，我的答案都是看美劇。因為身邊朋友都知道我英語好，後來當他們有朋友想學英語的時候，就會找到我，問能不能向我付費練習口語。向我學習英語口語的有正在備考出國留學的高中生，也有要精進口語的世界五百強企業高層……我就這樣有了第一個斜槓身分。

再比如，我有個朋友是健身達人，一天不健身就渾身難受，健身房就是她除了家和公司以外花時間最多的地方。後來她抱著娛樂的心態考了一張證書，也收到了她經常去的健身房的邀請，成了專業認證的兼職健身教練，開始了上班寫程式、下班帶人「擼鐵」的斜槓生活。

如果你想擁有斜槓身分又不知道從何開始，那麼第一步就是可以著重發展自己的興趣愛好，當你願意為了一件事花時間去鑽研、精進自己能力的時候，就已經有了發展斜槓身分的可能。

第二，從自己的主業出發。

人們對自己從事的本職工作總是最熟練的，從主業出發、發展與之相關的事務，也能從中找到斜槓的可能。

這樣的例子就更多了。比如我有個朋友本職工作是會計，因為工作需要去考了會計師，在備考的過程中積累了很多經驗和資料，考試通過後，她發現很多人在備考時不僅需要備考資料、筆記，更需要考試的經驗，於是她開始在二手平台出售自己的備考筆記，並發展出了一個副業——工作之餘在網上給備考的人做培訓。她白天是會計師，晚上是會計師考試培訓老師，隨著學員越來越多，她的斜槓收入甚至遠遠超過了她的本職工作收入。

　　我還有個朋友，做了十幾年的人力資源工作，經驗豐富，身邊朋友要找工作時都會請他幫忙優化簡歷。於是他索性在某平台上販售自己的這項技能，專門為求職中的年輕人提供諮詢，提供簡歷修改、面試輔導等服務，收入十分可觀。

　　當你不知道做什麼的時候，不如專心做好目前的主業，打磨好自己的專業技能。當你在自己的專業領域做得足夠好、足夠拔尖，你就不需要主動尋找，源源不斷的斜槓機會自然就會找到你。

　　不可否認的是，也有一些人並不贊同斜槓的趨勢。斜槓的反對者們最常用的反駁理由就是，人一輩子精力有限，所以與其什麼都嘗試，我們更需要的是專注，否則就會像狗熊掰棒子，掰一個扔一個。

　　實際上，這個世界上的大部分事情並不需要我們投入一輩子的時間去鑽研才能做好。專注固然是沒錯的，但很多人把大把時間浪費在刷朋友圈、追劇、購物上，所謂的專注只不過是他們偷懶的藉口和自我安慰罷了。我身邊有很多優秀的斜槓青年，他們不僅主業做得好，還利用業餘時間發展起了多項副業。所以，想擁有斜槓身分，不存在時間不夠這回事，關鍵還是看你怎麼善用下班後的時間。

　　斜槓身分雖然聽起來很酷，但是需要極強的自律和努力，如果沒有足夠耐心，只有三分鐘的熱情，最後可能不僅浪費了時間，還影響了你的主業。

　　所以，我並不是要鼓勵所有人都立刻去發展斜槓身分，你可以做的是，從現在開始換一個新的思路，不去抗拒人生的各種可

能性，思考自己是不是可以在本來的職業之外，擁有另一種完全不同的身分。當某天你的斜槓收入趕上或者超過了上班收入，那麼你就可以成功地把喜歡的事情變成自己真正的事業。

2. 打造被動收入

《富爸爸窮爸爸》裡有一個經典的「收入四象限」理論。雖然我們周圍的人從事形形色色的職業，有各種各樣的收入來源，但是歸納一下，財富獲取的管道大致都可以被歸到四個象限裡，分別是E象限、S象限、B象限、I象限。

第一象限E指的是英文單詞Employee，是雇員的意思，也就是我們常說的「打工人」，這個象限的收入來源主要是出賣時間和勞動力的工作收入，比較固定。

第二象限S指的是Self-employed，是自雇者的意思，也就是自由職業者，例如自由作家、自由設計師、獨立小攤販等，收入相對一象限可能更高，也可能更不穩定。

前兩個象限的收入，我們一般都稱之為主動收入，因為它們的本質都是透過時間換取收入，需要付出主動的勞務。即使S象限的人相比E象限對自己的收入有更多主導權，但依然是開工就有錢賺，不開工就沒錢賺。

從第三象限開始，收入的性質就開始發生變化了。第三象限B指的是Business owner，也就是企業家，他們的收入主要是企業經營的利潤、分紅等。企業家與自由職業者的區別在於自由職

業者更多是自己給自己工作，而企業家通常會雇傭他人為自己工作，從而完全解放自己的時間和勞動力。

　　第四個象限 I 指的是 Investor，也就是用錢生錢的投資者。我們都知道的股神巴菲特，他的職業就是投資者。像這樣的投資者還有許多，例如投資了阿里巴巴的軟銀老闆孫正義，沒有工作、靠租金收入生活的房東等。如果說企業家是透過讓他人為自己工作而產生收入，那麼投資者就是透過讓錢為自己工作而產生收入。

　　第三象限和第四象限的收入，我們稱之為被動收入。顧名思義，就是你不需要主動付出時間與勞動力也可以有收益，一個更為形象的說法是「睡後收入」──躺著也有錢賺。

　　這四個象限在很多時候也有交集，例如很多歌手、演員原本只是自由職業者或打工人，在有一定名氣和財富基礎之後選擇自立門戶經營公司，成了企業家，既有二象限的收入，也有三象限的收入；也有很多企業家在賺錢之後會進行投資，既有三象限收入，也有四象限收入。

　　我們追求財富自由的過程，其實就是不斷為自己創造被動收入的過程。當你的被動收入足夠覆蓋你的日常生活所需，就可以說你實現了財富自由。這個時候你的主動收入，只不過是錦上添花。

　　雖然絕大部分的普通人經過努力都不一定能進入企業家象限，但是我們至少可以努力讓自己擁有 1 ～ 2 個被動收入來源，獲得更多個象限的財富，擺脫一輩子打工、拿死薪水的尷尬與風險。

　　被動收入的來源很多。我們常說人不能吃老本，現代社會競爭激烈，需要持續不斷讓自己保持進步、保持活躍。話雖沒錯，但如果單從被動收入這個角度來說，「吃老本」並不是一件壞事，通常只需要付出一次努力，便可以獲得長期收益。

　　總結起來，普通人擁有被動收入的途徑大致可以分為以下兩個：

(1) 透過創作獲得回報

　　寫了一本暢銷書的作者，可以透過每年圖書的加印獲得版稅。比如第四章裡提到的《每週工作4小時》的作者提摩西・費里斯，光是這本書的版稅就足夠讓他實現財富自由。有一首經典歌曲的歌手，可以透過出售音樂版權不斷獲得收入，電影電視劇也一樣。《六人行》這部火爆於20世紀90年代的經典美劇，幾十年過去了依然大受歡迎、不斷重播。6位主演除了能拿到當時就高達幾百萬美元一集的片酬，直到現在每年還可以分到上千萬美元的版稅，相當於一次創作帶來了一輩子的被動收入。

　　如果你說，寫書、寫歌、拍電影對普通人來說太難了，那也可以透過創造一個產品的方式給自己帶來被動收入。例如，有一位在數位遊民圈裡很有名的美國獨立創業者，名叫皮特・萊維斯，他創建了一個給所有想旅居的人檢索全世界各大城市是否適宜旅居的網站（http://nomadlist.com），有點像旅居版的「大眾點評」。他藉此獲得了會員充值、廣告等收入，不過短短四年的時間，他就實現了靠一個網站一年「躺賺」100萬美元的夢想。

　　如果這對於你來說還是太難，還有一些門檻更低的方式，比

如人人都能做的自媒體。我開始做自媒體之後，發現在一些視頻
網站上傳原創作品可以獲得平台廣告收入的分潤，也就是說，如
果你創作了一支視頻並且被反覆播放，作為創作者的你就持續不
斷有錢拿。除了視頻，還有課程等也是類似的。以我為例，我在
2020年花了幾個月時間創作的一套理財課程，直到現在仍然在
給我帶來被動收入。

　　有些人可能不認為在網上發視頻、做自媒體獲得的收入是被
動的，因為畢竟你還得為此花時間拍攝、剪輯。但是，當我完成
一個視頻後的連續幾個月都還有錢收的時候，那就妥妥的是被動
收入了。當你獲得的收入，超過了你為這件事付出的時間價值
時，就可以算作是被動收入了。

　　現在已經有越來越多的人開始透過視頻或文字表達自己的觀
點賺取瀏覽量獲得廣告收入，透過在網路上出售自己的專業技能
做成的課程來獲得收入。只要你有一定的創作能力，並勇於嘗
試，產生一定的影響力，一定都可以找到自己的被動收入來源。
就像現在我們常說的，人人都可以做自媒體，再小的個體都有品
牌。雖然並不是所有人都有創作內容的天賦，但每個人肯定都有
某些一技之長，只要意願足夠強，都能以某種方式賺到錢。你可
以先從斜槓開始，再逐漸把斜槓收入轉變為被動收入。

　　並且，創作的回報不僅僅停留在金錢上，你也許會在創作的
過程中發現更多機遇。

(2) 透過錢進行投資

　　很多人看到「投資」二字，要嘛覺得風險太大、不適合普通

人，要嘛覺得本金要求太高、自己沒有足夠的資金。

　　其實，透過投資企業獲得利潤分紅，透過投資優質市場的房產進行收租，這些都是穩妥的被動收入來源。如果沒有足夠本金投資房產、企業，也可以透過投資基金的方式創造被動收入，而且這種投資方式需要的錢並不多，甚至只要10塊錢就能開始投資——這部分我們會在本書的第八章詳細展開。

　　我在2019年投資了一家酒吧，早期籌備開業和前期的經營都花了一定精力，但在生意逐漸步上正軌後就不太需要額外的投入，它便成了我的一份不錯的被動收入。此外，我在國內外買的幾間房子，每月的租金可以帶來不錯的收入；更不用提基金、股票等金融產品的投資帶來的被動收入了。這些事情都足以說明，並不是要成為股神才能在股市賺到錢。

　　每個人都要睡覺休息，但你的錢、你創作的內容不用休息，它們可以24小時不間斷地工作。如果你能讓你的錢和你創作的東西為你工作，在你睡覺休息時也可以給你帶來現金流，哪怕一開始不是太多，你離財富自由和理想生活就又近了一步。

3. 順流致富：賺與你最有緣的錢

可能很多人在學生時代，都經歷過偏科，我曾經就是。

我是典型的文科生，常常語文考了全校第一、作文拿滿分，但數學只考了及格分。老師不斷在我耳邊強調：「偏科就等於一條腿長一條腿短啊」「一只水桶能裝多少水，都取決於它最短的那塊木板啊」……於是，為了提高總成績、考上更好的學校，我拚命在數學上加大時間和精力，請家教、上補習班，集中精力補短板。而語文就直接忽略──因為即使不用花太多時間，我也可以考得高分。這種忽略優勢學科、專注弱勢學科的方法，在應試教育的體制下，的確可以幫助我更快拿到理想的總分數。

然而工作之後，我才發現這種模式不再適用了，木桶理論也不再是絕對的真理了。一只木桶能裝多少水，不僅僅是取決於最短的短板，也要看你的長板到底能有多長，以及板和板之間的協同效果。

以寫作為例。作為文科生，也許是因為我學生時期非常喜歡看書的緣故，使得我很擅長寫東西，也很喜歡寫作的過程。身邊朋友需要寫文案、整理話術、修改文章的時候，總會找到我。每次有人問我：「你是怎麼做到那麼快速寫出那麼多優質的文章

的？」我覺得很難回答，因為我似乎並沒有在寫作這件事上付出太多努力。有一次看到一個朋友為了給自己的網站寫宣傳文案，在電腦前坐了一整天，抓耳撓腮寫了一串在我看來邏輯都不算通順的文字，我才意識到，哪怕只是簡單的寫作，也需要天賦。

再比如說銷售工作。我曾做過銷售工作，我發現那些銷售業績好的同事，大多性格開朗，十分善於與人交談溝通，人緣也特別好。而銷售業績不好的同事，私下大都並不那麼喜歡社交。所以，一個天生性格內向的人無論怎麼勤奮努力，即使每天多拜訪10個客戶、多打100通電話，也不一定比一個天生性格外向的人做得更好、更得心應手。

從長期來看，如果總是把過多時間花在強化那些自己本來並不適合且做起來十分困難的事情上，而不是專注發展自身的強項，結果不僅會把自己搞得很累，也無法取得好的結果。

回想一下，大部分人，包括我自己，在一開始選擇做什麼工作、學什麼專業的時候，通常會考慮以下三個問題：「這個工作好不好做？」「這個工作賺得多不多？」「這個工作符合未來的發展趨勢嗎？」

乍聽之下好像也沒問題，但我們卻總是忘記考慮一個最重要的問題：「這個工作適不適合自己？」你是開朗外向，適合做對外與人打交道的工作呢？還是細心內向，適合做對內的行政工作？還是根本沒想過，找到什麼工作就做什麼？

一位作家曾說：「一個人如果難以在事業或財務上獲得理想的成績，通常並不是因為他不夠努力、不夠認真，不是因為他學到的資訊不對或不夠好，也不是因為他選擇的方式無法讓人賺到

錢，而是學的東西、選擇的賺錢方式並不適合自己。」

　　其實我們一生都在找方向，如果你現在覺得賺錢特別辛苦、工作特別痛苦，也許不是你的能力不夠，而是你走錯了方向，選錯了工作。而過上想要的生活，就一定要走上那條最適合你且阻力最小的路，去賺跟你最有緣的錢。

　　這個觀點最早是由英國社會企業家羅傑・漢彌頓在他的《順流致富法則》這本書裡提出的。作者漢彌頓基於他自己在創業過程中的失敗和成功經驗，寫成了這本書。

　　全書的重點就在於「順流」二字。根據書上所說，每一種類型的人都有屬於自己的「順流致富之路」，只要找到這條路徑，並依照步驟去做，便能舒舒服服地在最短的時間內實現自己的財富夢想。

　　何謂「順流」？我的理解是，順著自己的熱情、天賦和性格，找到適合自己發展的事業。放大優點，避開弱點，花費更少力氣獲得更大成果。也就是說，當你做著你熱愛的、擅長的、適合自己的事，便會處於實現成功的阻力最小的路徑中，也就是「順流」狀態內。

　　而對於不同類型的人，「順流」的路徑是完全不同的。漢彌頓在書裡創造了「財富原動力」系統，根據不同的行為方式，把人分為了8種性格，又分別歸為4個大的類型裡，對應不同的財富創造關鍵。

　　這4種類型和分別對應的財富創造關鍵是：

(1) 有創意的「發電機型」

這類人充滿創造力，有遠見，但不擅長把握時機；擅長開創性的事物，但缺乏耐心，執行力差。其財富創造的關鍵是建造更好的產品。他們擅長回答的是和「what（什麼）」相關的問題。例如《哈利波特》的作者J・K・羅琳、特斯拉的創始人馬斯克等都是這類型的代表人物。

(2) 善於與人交際的「火焰型」

火焰型的人活躍、精力充沛、反應靈敏且能透過引人注目的方式來快速積累人脈、連接關係。他們外向，交際能力強，能在談笑風生間看到創造財富的機會，但組織架構能力一般，所以得到機會後未必能把握住。可能是因為自我意識過強，這類人容易傲慢、引發爭執、傷害他人感情。這類人財富創造的關鍵是創造獨一無二的身分識別，建立有影響力的品牌，在正確的時間連接正確的人。他們擅長回答的，是和「who（誰）」相關的問題。我們知道的那些明星、YouTuber，大多都是這類人。

(3) 擅長感知的「節奏型」

節奏型的人對市場的敏感度很高，有極強的觀察力和洞察力，議價能力強，可以同時從事多項任務，也容易觀察到他人沒注意到的事情。但往往因為做事小心翼翼，而帶來拖延、吹毛求疵、速度慢、完美主義等問題。其財富的創造關鍵是低買高賣，買進並建立會增值的資產，然後默默堅持實現成果。他們擅長

回答的，是和「when（什麼時候）」相關的問題。典型的代表人物，就是股神巴菲特。

⑷ 有邏輯、注重細節的「鋼鐵型」

鋼鐵型的人能量高，有條理，也注重細節，但常忽視大局。喜歡獨處，喜歡在安靜的環境下工作，他們穩定、可靠、謹慎，處理事情通常深思熟慮、按時完成，也不輕易承諾做不到的事。他們擅長運用他們的細節導向和快速微調能力，在已有的制度中找到問題，不斷地優化系統。所以，這類人財富創造的關鍵是創造更好的系統。他們擅長回答的，是和「how（如何）」相關的問題。那些知名的企業高層、職場菁英，大多都是這類人。

知道了你是哪種類型的人，可以更好地找到自己的職場定位、個人成長定位、財富定位等。對定位瞭解得越透徹，越能知道該往什麼方向走，事業、財富、人生都會相對更好地成長。

即使你現在已經有一份工作，也可以在不影響主業的情況下「順流」，順著自己的天賦去建構自己的副業，並爭取未來將其轉變為主業。

比如，如果你和我一樣，是「發電機型」的創作者，那你創造財富的關鍵就是要創造出更好的產品、內容，可以嘗試在工作之餘開始創作，比如在網路寫文章、拍視頻；如果你是一名「節奏型」的積蓄者，那麼你的致富軌跡應該是在努力精進自己的本職工作外，盡可能購買與建構可增值的資產，穩步創造被動收入；如果你是一名「鋼鐵型」的職場人，那就需要不斷積累優化系統的經驗，多去記錄和總結每次改進的措施、效果，並慢慢試

圖輸出這樣的經驗，從而對更多人產生幫助⋯⋯

　　為了找到自己在財富原動力模型中的準確位置，你需要對自己有個全面的剖析與瞭解，尋找到自己的天賦強項，然後專注屬於你的賽道。

　　在中國的傳統思想體系中，金、木、水、火、土這五種元素，各代表了一種變化的狀態，「財富原動力」將這五種狀態稱為「本質頻率」。每個人都有一個主要頻率，當我們調整到自己本質頻率的頻道時，正確的人、資源和機會也都會隨之而來。這就是我們所說的順流狀態。當你發現身邊有的人做某件事情特別得心應手時，你不用羨慕別人與生俱來的天賦，因為每個人都是獨一無二的，你一定也有某方面的天賦，只是可能還沒發覺罷了。

　　當你明確了自己要在什麼領域創造價值，努力地去做相關領域的事，並把這些事做到極致，你就會慢慢賺到與你最有緣的錢，並為這個世界帶來只有你才能完成的貢獻和價值。

　　就如安德魯・卡內基所說：「所有成功者，都是在挑選了一條道路之後就堅持到底。」

4. 你的核心資產是什麼

　　開始做自媒體之後，我遇上過一個小插曲：我的小紅書帳號遭遇了一次突如其來的封號。

　　事情發生得很突然。一個合作方剛下好廣告合作的訂單，還停留在我的首頁上，下一秒一刷新，主頁就變成了「查無此人」。他急匆匆跑來告訴我：「親愛的，你的帳號被封了，你快去聯繫一下平台。」

　　我花了很多時間、精力辛苦經營的帳號就這麼沒了，當時的心情簡直就是崩潰。

　　還好我有工作人員的聯繫方式，他們發現是平台出錯，很快幫我恢復了，被封狀態只持續了不到十分鐘。但是在崩潰的十分鐘裡，我也被迫進行了一些思考，不得已進行了一些最壞打算。

　　如果這個帳號真的就這麼沒了也找不回來，我能做什麼？怨天尤人顯然不會有任何幫助。再不情願也好，我能做的大概也只有重新開始。

　　這讓我想起之前聽一個好朋友說，她有個朋友，自己白手起家創立公司，事業非常成功，但是婚姻不太順利，離婚的時候房子、車子全都留給了前夫，甚至願意把自己一手打造的公司也分

一半給他。

別人說她傻，她卻說，前夫能拿走的都是她已經擁有的東西，而她知道，靠自己的能力，未來還能創造出更多東西。即使從頭再來，她也能再打造一家同樣優秀的公司，所以完全不在意。

我當時聽完就覺得，這才是真正的獨立女性。當無常和意外來臨時，擁有別人拿不走的「核心資產」才是硬道理。

《順流致富法則》書裡一開篇便提到了一個很重要的理念：「財富，不是你賺了多少錢，而是當你失去所有金錢後剩下的東西。」

我們都看過這樣的新聞：彩券中獎者贏得數千萬獎金，本該從此財富自由、衣食無憂，但令人費解的是，他們大多很快就將獎金揮霍一空，甚至負債累累。

其實我們自己也是一樣。想想在網上購物的時候，當你帳戶上只有幾塊錢的優惠券時，你可能只想買些日用品或零食；當你有幾十塊的優惠券時，你可能又想買件衣服；當你有幾百塊的優惠券時，你放進購物車裡的東西就會越來越多，越來越貴……優惠券越多，購物的金額就會不知不覺超出預算。

人們越有錢，就越控制不住自己消費的欲望。這就是「財富悖論」：當你擁有的金錢越多，你失去金錢的機會也越多。

所以，財富並不等同於金錢。財富包含了金錢以外的很多東西，可能是你的才華、能力、人品……

書中有個很具體的比喻：金錢就像是生性機警且行蹤不定的蝴蝶，而財富就像是一座花園，為了留住蝴蝶，你不應該用網去

追逐牠們，而是應該用心將花園打造得更加吸引人。有了繁花錦簇，蝴蝶自然會來。

想獲得財富，我們要追求的並不是金錢，而是能賺取金錢的核心資產，也就是財富的基礎。當我們建構起了這個基礎，自然會源源不斷產生金錢。

什麼是真的核心資產？

我覺得，核心資產是真正只屬於你、別人奪不走的、可以跟著自己遷移走的價值。

比如你在一家大公司工作，藉著大平台的光環，你可以接觸到非常多的菁英，你會很容易把這種光環誤以為是自己的能力。但當你離職後，失去了平台的光環，你就不再擁有原來的價值，你之前積累的那些人脈資源也不再能幫到你。

我們中的大多數人都沒有意識到這一點，只是沉浸在平台賦予自己的光環裡不能自拔，把自己局限在職場裡又不自知。隨著工作年限的增長，當你的核心能力沒有增長時，就很容易被年輕、薪水又低的新人替代，被公司踢出局。

巴菲特就反覆提過，他投資的企業必須擁有「護城河」，也就是具有可持續的、不可被複製的競爭優勢，用來抵禦對手的攻擊。這種優勢就好比保護城堡的護城河，沒有護城河的企業，很快就可能被新的公司、新的技術所取代。

其實人和企業一樣，也要有意識地去建構自己的「護城河」，修練自己的核心能力。有了這種核心能力，你才可以不用過分擔心未來的不確定性。

一個擁有400萬粉絲的美妝博主，因為和MCN經紀公司的

糾紛導致帳號被公司沒收，她選擇透過法律途徑解決問題。在漫長的等待開庭過程中，自己又建了一個新的帳號，幾個月的時間很快就積累了80萬粉絲，雖然短時間還達不到原來的水準，但也算是東山再起了。

因為經紀公司只是給了她商務變現上的幫助，並沒有切斷她的優勢，她的核心能力還在。原來的400萬粉絲都是靠她自己做的內容一點一點積累起來的，她比任何人都瞭解自己的粉絲，知道他們喜歡看什麼，知道什麼樣的內容會吸引他們。所以，從0做到400萬粉絲的經驗是她的核心能力，即使帳號被公司收走，她也能迅速重新開始，並且比之前做得更好。

回過頭再來說我自己。如果我的帳號真的消失，我能不能夠以同樣的方法，重新積累粉絲、重新做出新的個人IP，甚至以更快的速度做出更好的成績呢？我想，我應該也具備這種能力。

所以，並不是說我們一定要膽戰心驚、時刻做好最壞的打算，而是說，我們需要持續總結經驗、反思檢視，清楚自己的核心能力到底在哪兒，不要讓自己在面臨危機時束手無策。這是這次「小烏龍事件」帶給我的思考。

說起來，我越發覺得，大家都羨慕的獨立女性，並不是那種擁有很多錢或者能分到別人很多錢的女性，而是那種擁有別人拿不走的獨特價值的女性。最重要的是，不管有沒有錢，她們都有東山再起的核心能力。比如電視劇《三十而已》裡的顧佳，把煙火公司給了老公後，她就接手茶廠；買的茶廠不行，她就再造一個新的茶葉品牌。經歷過一次「從0到1」，就不怕重新再來。

面對競爭，最好的方法就是讓能力回歸到自己身上，把自己

放到整個市場上去驗證自己的能力，你才會越來越強。

　　這樣的你，不會成為任何人的依附，你就是自由的。

　　所以，「風物長宜放眼量」。和自己較勁，保持成長，不斷自我突破，自我反覆運算，才是在這個不斷變化的時代裡，永遠的王道。

5. 那些不上班的人都在幹嘛？

有一天，我在咖啡店偶然聽到隔壁桌的兩個年輕女子在聊天。其中一個對另一個說：「你看那個×××，現在都不上班了，我看她是不是……被包養了？」

我在旁邊聽得很無語，忍不住翻白眼。看一看我身邊，其實很多人都沒在朝九晚五地上班。不上班不意味著不工作，現在的職業選擇越來越多元化，只工作、不上班的年輕人也越來越多。

疫情改變了我們的生活方式，也改變了我們的工作方式。以前只有坐辦公室每天上下班打卡才是安穩踏實的人生，現在則不一樣了。在世界各地，越來越多的人無須坐在辦公室，甚至無須固定的工作地點，他們自己雇傭自己，在任何想去的地方生活，有著強大的選擇能力。

我來說說我身邊認識的幾個不上班的人，看看他們是如何靠一技之長獲得收益，走上自由職業之路的。

(1) 自由撰稿人十一

十一是一個目前生活在雲南大理的自由撰稿人。她在做了七年的媒體工作者後，因為工作太忙、勞累過度，身體開始吃不

消，便決定停下來休息一下。她換了一座城市，從北京來到了大理生活，一待就是三年。

在大理成為自由職業者後，十一最多的收入來源是稿費。因為在媒體工作數年，在非虛構和人物寫作方面有扎實的技能，也有一些媒體資源，所以她會給國內較大的媒體平台供稿。除此之外，她還會接一些媒體和寫作方面的培訓課程，給大公司的內容製作部門提供採訪和寫作培訓。

內容創作是十一賴以為生的本職，而地理套利是吸引她從北京搬去大理生活的最初原因。由於賺錢的方式完全來源於網路，任何有網路的地方都可以成為她的工作地點，所以，她選擇了去陽光更充沛、空氣更清新的城市生活和工作。

在世外桃源大理的生活雖然自由瀟灑，但也不是毫無壓力。成為自由職業者以來，她最大的壓力就是收入的穩定性與可持續性。畢竟，沒有公司和體制為她提供全面的醫療、養老保障，一切都得靠她自己承擔，如果發生重大疾病或者意外，就會面臨比較未知的狀況，對她的承受能力會有一定的考驗。所以，在成為自由職業者之後，她早早買足了重大疾病、醫療、意外等商業保險。因為地理套利帶來的好處，比起在北京工作生活的媒體人，在大理生活的她只需要很低的基本開銷，生活品質提高了許多。

(2) 保險經紀人娜娜

這個職業大家肯定不陌生，誰身邊沒有幾個賣保險的朋友呢？保險經紀人雖然多，但競爭也激烈，淘汰率很高，做得好的保險經紀人其實並沒有那麼多，我朋友娜娜就是一個。

　　娜娜是明星大學的金融專業畢業生，做了幾年金融行業的工作後，覺得厭倦了這種高壓的生活，她決定換一種生活方式，成了一名保險經紀人。工作時間、工作地點都很自由是這個職業對她最大的吸引，因為天性外向、喜歡結交好友、在行業裡積累了一定人脈，娜娜的保險事業很快做了起來。

　　並且，不滿足於身邊的客戶群體，她開始利用自媒體發布保險相關的視頻、普及保險知識，還積累了一定數量的粉絲，拓展了更多的客戶管道。她現在的日常就是在家拍視頻，在咖啡館見客戶，自由工作，自由生活。

　　從娜娜身上我學到的一點就是，自媒體只是一個工具。她的粉絲數量雖然不算多，但足夠精準，可以產生穩定的客源。很多人都說現在已經錯過了自媒體的紅利期，這個看法我覺得有些片面。現在要從頭開始做一個百萬粉絲的帳號的確不容易，但如果帳號定位足夠精準，不需要那麼多粉絲，也一樣可以產生商業價值，再小的個體都可以有自己的品牌，就看你怎麼善用自媒體這個工具。

(3) 職業規劃師王姐

　　王姐是做了8年人力資源管理的資深人士，她在有孩子之後，希望能夠有更多時間陪伴家人，於是辭職了。在家一段時間後，她琢磨著如何發揮自己的專業優勢，不上班也能賺錢，便想到了做顧問。人力資源的老本行工作讓她「閱人無數」，身邊也經常有求職的年輕朋友找她幫忙優化簡歷、準備面試，她便把這個工作內容打包成一份諮詢服務，放在網上。一開始為了積累

好評，她甚至免費給人做諮詢，耐心幫年輕人打磨簡歷、模擬面試，直到他們拿下心儀的大公司職位。而這也會給她的諮詢服務做出有力的證明。

現在，她已經是某諮詢網站知名的大V❶，幫助過的求職年輕人成千上萬，收入也早就超過了她以前上班時的薪水。所以，只要你具備專業能力，且能夠提供被人需要的價值，總能找到適合自己的收入模式。

(4) 自媒體博主、淘寶店主愛麗森

愛麗森是一位優秀的數位遊民，她生活在峇里島、馬來西亞、泰國、希臘……一年在全世界幾十個不同城市生活，而她的收入來源也很多樣。除了分享自己的旅居經歷、做自媒體博主以外，她還開了一家淘寶店，花了半年時間聯繫工廠生產瑜伽墊，僅憑一件高品質的產品，也可以持續穩定地為自己帶來收入。

(5) 英語口語老師薩拉

我的朋友薩拉剛畢業不久就走上了數位遊民的道路，在全世界旅居的同時，線上上分享自己學習英語的經驗，並且打造了一套英語口語課程，一直有著穩定收入。

除了這些，我還有朋友是做自由翻譯的，經常出國出差，他在工作的同時順便旅遊；也有朋友是投資人，自己成立基金，投

---

❶ 指在新浪、騰訊、網易等微博平台上獲得個人認證，擁有眾多粉絲的微博用戶。由於經過認證的微博用戶，在微博暱稱後都會附有類似於大寫的英語字母V的圖示，因此，網友將這種經過個人認證並擁有眾多粉絲的微博用戶稱為大V。

對了項目，賺得盆滿缽滿；還有朋友是製片人，可能為了一個項目連續工作幾個月，之後又休息幾個月，時間很有彈性；也有朋友是自由作家，閉關一段時間寫一本小說，版稅和影視改編費夠她生活好幾年；還有更多的朋友，做自媒體博主，只要有手機哪裡都可以拍視頻；開店的朋友，雇了職員管著，自己時不時去看一下，剩下的時間自由安排。

　　所有這些人都有一個共同點：要嘛有天賦或一技之長，可以被無限放大；要嘛有後天積累的職業經驗，可以發揮價值。另外，他們大多放棄了別人不願放棄的東西，例如安逸與穩定。生來就擁有一切的人畢竟是少數，那些好像不用工作成天吃喝玩樂的女生，只不過是在你看不見的時間裡，付出了超於常人的努力罷了。

　　你嚮往卻無法實現的生活，不代表別人無法實現。而只要你想，其實你也可以成為他們中的一員。

第六章

關於房子那些事

1. 聊聊房子那些事

　　在創造被動收入方面，我做的第一件正確的事情就是，在26歲那年買了房子。那時候，我剛開始有了一些關於財富的觀念，開始學會延遲滿足而不是亂買亂消費。我把賺的錢加上向爸媽借的一些錢用作頭期款，在重慶買了一間中古屋。而我當時工作生活都在北京，所以買房的時候就計畫要租出去，而不是空置。

　　這個房子的前主人是朋友的朋友，因為要換房而急於脫手，所以價格非常不錯，且房屋裝修、傢俱都很完善，附近有正在修建的地鐵站、不大不小的商圈、辦公大樓和小學，房屋租金也不錯。從交屋那天開始，我就有了被動收入。並且，房租大於我每月要交的貸款，還完貸款我還能有不少剩餘。

　　兩年後，我用第一間房子賺來的錢和其他投資的收益，加上自己賺的錢，買了第二間房。到現在，我已經在海內外有了四間房產，成了名副其實的包租婆。

　　很多人可能會說，因為我運氣好，前幾年買到了房。但如果要說運氣好，那些早在20年前就買到一線城市的房子，坐享房價「坐火箭」的黃金時期，透過房產實現財富自由的人肯定運氣

更好。但絕大多數人並沒有那麼好的運氣，或是那麼大的勇氣。所以我覺得在買房這件事上，比起運氣，更重要的還是選擇。

我也曾經錯過了更好的購房時機。我剛回北京的時候，租了一套一居室的小公寓，一住就是兩年。期間有一次房東太太問我：「姑娘，你有沒有考慮把這房子買下來？」我當時覺得自己還年輕，暫時也還沒有結婚的打算，覺得買房離我還很遙遠。而且北京的房子也太貴了，隨隨便便就要好幾百萬，我租高級公寓一年也不過十來萬的房租，哪怕租房一輩子也比買房便宜吧？

天真的我完全沒想過房子的資產屬性，也沒想過經濟發展會帶來的通貨膨脹和房租上漲。果然，過了兩年，北京的房價繼續飛速上漲，我的房租又漲了不少。我身邊有朋友開始買房，他們每個月還貸款的金額和我的房租差不多，但不一樣的是，還完貸款，房子就歸他們了。而我如果一直租房，基本就是在幫房東打工還貸。

我算了算，即使現在每月支付5000元房租，壓力並不大，但如果接下來的幾十年，房租以每年10%的幅度上漲，算下來30年需要付的房租總額接近1000萬元，而50年需要付的總房租竟然近7000萬元！這麼算，租房肯定不如買房划算。

我回想起房東太太的話，便去問她：「阿姨，現在這房子你還賣嗎？」

她回答：「不賣啦，北京房子都漲成這樣了，賣了再買不到更便宜的啦，就留著收租吧。」

就這樣，我錯過了一次本可以買房的機會。但一次兩次的錯過其實並不要緊，因為市場永遠不缺機會。也是從那時候開始，

我在國外留學時形成的「租房也很好」的觀念，開始動搖，我慢慢有了買房的念頭。

對於大部分中國人來說，受傳統觀念影響，都對房子格外看重。而西方國家年輕人大多不喜歡買房，一方面因為文化影響，一方面法律法規對租客也更為友好。

我在國內外都租過房，一個很明顯的感覺就是，國外的法律法規較為成熟，對於租客的利益也都保護得比較好，基本都是要求房東不得隨意漲租、不得隨意驅趕租客；而國內關於租房的各項法規還在完善中，經常會出現一些法律還沒涉及的狀況，房東作為既得利益者，反而佔據上風和主導權。房子要不要租給你住，有時候全在房東的一句話，即使遇到最壞的結果也不過就是房東賠點押金，但租客卻有可能流落街頭。

所以，買房子意味著你不僅有了無論何時都能安心居住的地方，一個屬於自己的避風港，也擁有了一份不動產作為資產，可以更好地抵抗通貨膨脹帶來的貨幣貶值，能夠給你帶來心理和財務上的雙重安全感。尤其對於女性來說，在婚前擁有自己的房子，談戀愛的時候會更有自信、更有底氣；在越來越多人選擇不婚或晚婚的當下，擁有一間屬於自己的房子，也可以過得非常安心。

我喜歡的作家、自媒體人黃佟佟寫過一句話：「女人和她們的房子，具有某種極其微妙的聯繫，一旦女人擁有自己的房子，她就會變得無所畏懼。」

我對此也深有體會。這幾年，我不愛奢侈品、愛買房這件事，已經變得眾所周知。在我看來，房子是一個女人的安身之

所，也是情感寄託，不僅給人安全感，也能作為一項重要投資，持續賦予你底氣和金錢上的收益。

在我的影響下，不管是身邊的朋友、還是網上的粉絲們都告訴我，他們也開始對理財、投資、房產越來越感興趣，我也覺得挺開心的。

我覺得大部分人的一生中總會需要買房，一輩子租房住的畢竟還是少數。而一生中可能會買的房子主要有三種：剛需自住的房、投資賺錢的房、改善生活品質和度假的房。

買房主要是兩個目的，一是自住，一是投資。我們大部分人買房，都是兩者兼有。首先滿足剛性的居住需求，其次也希望住的房子不斷帶來收益。

如果從投資角度看，我們投入大量資金買入房地產，追求的一般是兩項收益。

(1) 房產增值

從長遠來看，貨幣都是貶值的。大家可能都聽過「萬元戶」，在20世紀70年代末，擁有「萬元」存款的家庭，可以說是相當了得的人家。而現在，1萬塊錢幾乎連二線城市一平方米的房子都買不到。如果那時候的萬元戶僅僅把錢放進銀行賺利息，就算一年利息有5%，40年過去，這1萬塊現在變成7萬塊，遠遠沒有當年「萬元戶」的那種衝擊感了。

回想一下20年前，街邊買一碗麵只需要兩三塊錢，而現在，即使是二三線城市，也需要十來塊，更不用說一線城市核心地區的物價了。錢還是那些錢，能買到的東西卻越來越少。

　　貨幣之所以會貶值，是因為每年都有新鈔票流入市場，導致市面上流通的人民幣在不斷增加，錢多了就會貶值，物價就會上漲。

　　在貨幣貶值的情況下，老百姓就會想，錢存在銀行肯定不行，那麼我的錢換成什麼東西，才能保值或升值呢？

　　於是在這20年時間裡，很多人都在幹一件事：買房。

　　在近20年的投資類收入裡，房產投資一直穩居首位，這與房產的特殊性質有關。國內房地產市場就和黃金一樣，公信力特別強，無數人都堅信買房致富是最簡單、最輕鬆的道路。雖然現在的大基調是「房住不炒」，房價不會再經歷前20年的暴漲了，但本質上還是供需決定價格，優質的房產，依然會不斷升值。

　　房產不斷升值，一方面是因為它的金融槓桿來撬動財富的性質，當房產增值時，即便不賣房，也可以透過做抵押貸款，取得更多資金；另一方面是土地成本的不斷高漲，特別是核心地段，地價越來越貴，房價還是會上漲。

　　有人擔心房產市場的泡沫，其實我倒覺得，並不必過於擔心。歷史上每個冉冉上升的大國，都要經歷一次人為製造需求、繼而喊停的過程，將時間拉長看就行了。10年前買房的人，其實是和今天做著一樣艱難的決定。

　　當前房價雖然高，但和老百姓的收入增長來看，房價的增速並不過分。1998年，全國商品房均價是每平方米2063元，20年後的2018年，漲到了每平方米8736元，增長了4.2倍；而同樣的20年，全國城鎮居民人均可支配收入從5425元漲到了39251元，增長了7.2倍，收入的增速超過房價增速的70%還要多！

　　所以高房價並不可怕，可怕的是收入不漲。對於年輕人來說，期望房價和房租下降，遠不如期望自己的收入上升更實際。

(2) 房租收益

　　投資房產所產生的房價增值本來就是被動收入，而收租是二次的被動收入。

　　比如我第一次買的那間房，到現在市場價格已經漲了不少；我每月從租客手裡收到租金，用租金還房貸。等還完貸款，每個月就會多幾千塊租金的被動收入，相當於多領一份薪水，如果若干年後出售房子，還能享受增值收益。

　　當然，並不是所有的房子都能擁有這兩項收益。比如老家三四線城市的房子。大部分三四線城市的房價相對低，是在北上廣深打拚很久依舊買不起房的奮鬥者的退守之地，適合資金有限的剛需住房者買，投資的話不僅收益不大，還有可能受房價下跌的影響虧損。我有一個朋友就是在老家四線城市買了房，在花大力氣裝修後打算租出去，結果一年半載也沒找到租客，因為當地人本來就不多，流動人口更是少，當地房子早就是供給遠大於需求。除非是這個城市有獨特的資源，如旅遊資源等，或許可以投資進行短租。

　　不管是自住還是投資，我們買房都一定要買適合住、適合租、適合賣的優質房屋。因為適合住就適合租，適合租也就適合賣。所以買房前，一定要實地考察，親自去感受房子周邊的配套是否完善，參考城市的規劃佈局，而不是聽賣房仲介的一通吹捧。買房是大型購物行為，切忌衝動。

2. 如何正確看待房貸

　　《富爸爸窮爸爸》一書裡區分了資產與負債的概念：能夠把錢放進你兜裡的東西叫資產，相反，把錢從你兜裡拿走的東西叫負債。書裡提到，富人和窮人的一大區別就是，富人喜歡積累資產，而窮人喜歡購買自以為是資產的負債。要想成為富人，第一步就是減少負債，增加資產，這樣在你不工作的時候，資產也一樣能為你創造收入。

　　很多人因此對負債產生了恐懼，只要提到「債」就覺得一定要遠離。但其實，並不是所有負債都不好，負債也分為優質的負債和不良的負債。

　　不良負債，是指那些不能產生價值，還會把你拉進深淵的負債，比如最典型的消費性負債。簡單說，就是刷信用卡透支未來的錢，滿足現在的吃喝玩樂購物消遣。消費主義盛行之下，只要你想要，就沒有缺錢的事情，分期付款、信用消費給你安排得明明白白。但是，很多買來之後就迅速貶值的東西，其實都是無關痛癢可有可無的。你會發現，花幾百塊買來的進口沐浴用品並沒有比幾十塊錢的沐浴用品多帶來些什麼，看膩了的衣服包包也並未給我們留下什麼。這種不良負債就是把我們不該花的錢提前花

掉了，透支了我們的未來。

此外，還有另一種常見的負債，即資產性負債，就屬於優質負債。

比如我們最常見的房貸，雖然需要每個月定期還款，是筆不小的支出，但它的背後是，我們可以享受房產未來增值的收益。

能夠以小博大的槓桿大家都知道，正確使用槓桿去獲得四兩撥千斤的效果也是我們需要學習的。我們的人生總的來說有三種槓桿：

第一個槓桿是人脈槓桿：比如認識一個人，打開一個圈子，獲得更多資源。

第二個槓桿是時間槓桿：比如看書、學習付費課程，這就等於是在購買別人的時間，可以快速系統地學習別人花大量時間整理出的精華。

第三個就是金融槓桿，也就是俗話說的「借錢生錢」。

前面說到過借錢投資是存在風險的，尤其要謹慎選擇年利率高於5%的貸款，因為利率過高，你就需要獲得更高的收入才能平衡掉利息的部分，因而很難去讓槓桿發揮作用。

房貸大概是目前金融市場上能找到的利率最低的優質貸款產品，也是我們普通人能貸到的利率最低的貸款。

房價上漲帶來的利潤、租房帶來的收入都可以大於貸款利息。比如我自己的前兩間房子，都是貸款買的，買來後直接租出去，以租養貸，可以很容易地用租金還貸款，輕鬆撬動了房貸這個槓桿。即使收來的房租無法完全覆蓋房貸，至少也可以大大減少房貸壓力。

　　這種低利率的負債機會，如果不買房可能遇不到，如果你已經擁有了那就要珍惜！

　　之前看到有人說銀行就是窮人為富人服務的機構，窮人千方百計地把錢存進來，富人千方百計把錢貸出去。是不是很扎心？

　　富人源源不斷地用窮人的錢賺更多的錢。比如，10年前富人拿窮人的錢去買了房，10年後等房子漲了好幾倍後，又賣給窮人。

　　歸根結柢，窮人看到的是靜態的錢，而富人看到的是流動的時間。

　　這個世界就是這樣，敢大方從銀行貸款購買資產的人會越來越富，而那些老老實實，只敢把錢存到銀行的人反而會越來越窮。

　　總的來說，不要過度恐懼負債。適當負債、享受資產估值上升，其實是普通人運用金融槓桿的最好方法。當然，也需要掌控自身能夠承擔的風險，不要去碰那些利率過高、風險過大的槓桿。

3. 投資海外房產有坑嗎？

　　說起買房，現在大家第一反應可能都是「房住不炒」。那麼問題來了，錢到底還要不要投進房產市場？

　　如果是剛需住房，那麼其實房價漲跌與你關係並不那麼大。對於需要買房自住的人來說，每個人都有一個時間上的底線。可能是結婚的時候必須買房，也可能是有了第一個孩子必須買房。因此，即使租房再自由再快樂，到了需要的時候該買還是要買。而一旦越過這個時間底線，買房子的意義也就不大了。對於這部分人來說，要不要買房並不是取決於房價的高低，而是取決於你想要什麼東西以及準備在什麼年紀得到這些東西。房價在未來不是漲就是降，能給我們答案的只有時間。

　　而如果是投資性的房產，現階段我們需要將長線收益以及穩定的租金作為重要的投資參考值。穩定的租金實際上是有非常具體的數字作為參考的，那就是租售比。

　　房屋租售比指的是每平方米建築面積的月租金和每平方米建築面積的房價之間的比值。為了便於理解，我們不妨把這個概念顛倒一下，轉變為「售租比」，這樣一來就可以簡單理解為：在保持當前的房價和租金條件不變的情況下，完全收回投資本金，

需要多少個月。

　　一般而言，參考國際標準，一個房產運行情況良好的區域，應該可以在200～300個月（17～25年）內完全收回投資本金，也就是說租售比在1:200～1:300之間。如果一個房子17年之內就能收回成本，說明這個房子有較高的投資價值；而如果一個地區需要25年以上才能收回成本，則說明該地區有潛在的房產泡沫風險。

　　舉個例子。我看上了一間售價為100萬元的房子，按照1:200的租售比，我需要在17年內完全收回成本才能算一個不錯的投資，那麼我每年至少需要收到5.9萬元的房租，折合下來就是每個月5000元左右。

　　換句話說，一套售價為100萬元的房子，如果只考慮租金回報，那麼每個月至少要收到5000元的租金，才算是一個在房地產領域成功的投資。

　　你可能會問，200～300個月，這個值是怎麼得來的呢？其實是基於不動產投資領域中租金回報率為6%的條件設定的。租金回報率指的是預期的租金收入和房屋售價的比值，它和租售比其實指的是同一個東西，只不過計算方法不同。按照國際經驗，6%的租金回報率算是一個合理的投資回報值，本質上是一個與貸款利率掛鉤的指標。

　　很簡單，因為買房需要一次性投入大量資金，大部分人很難有那麼多的現金流，怎麼辦？通常都會選擇銀行貸款，能貸多少貸多少，大不了把租金用來還貸款。這樣一來，假如房價和租金均保持不變，租金也必須能夠跑贏貸款利率才行。

　　按照6%的租金回報率，我每年需要收回6萬元的房租，也就是每月5000元，才能算一個不錯的投資；那麼按照這個收租來算，16年（192個月）就可以收回100萬元的房租，也就是租售比為1:192。低於1:200，這就是一個在房地產領域成功的投資。

　　從全世界來看，紐約、舊金山、巴黎等國際一線城市的租金回報率大概在3%～5%，而中國呢？北上廣深的租金回報率不到2%。部分二線城市的租金回報率反而更高，例如重慶、瀋陽、成都等，大概在2%～3%。三四線城市雖然房價相對較低，但租賃市場需求更加薄弱，租金回報率更低。

　　如果換算成租售比呢？有人將上海所有社區的租售比數值進行了排序，中位數值為522個月。也就是說，如果僅靠租金收入的話，上海全市平均回收投資需要44年。如果房價不持續上漲的話，即使以市場價出租，租金也跑不過當下的房貸利率，房子是租一個月虧一個月，虧的程度不同而已。

　　簡單來說，如果不考慮房價漲幅，投資一線城市的房產收租，其實是一筆非常不划算的買賣。而未來的房價漲幅，也沒人能夠準確預測。

　　因此，很多人覺得大城市的房子過於令人望而卻步，就想著跳出眼前的選擇範圍，換個思路，放眼看看全球，去國外買房投資。比如目前很多人選擇的，就是東南亞地區的房產。

　　我自己也在旅居的時候，順帶實地考察了馬來西亞、泰國、越南這三個經濟穩定、政治穩定的東南亞國家，最後選擇在泰國普吉島投資了一間中古屋。

　　我會想到去泰國買房，一方面是因為在國內已經有幾間房產，想透過海外置業做資產配置、分散風險；另一方面也是因為我真的很喜歡泰國——泰國在我心裡是東西方生活方式的完美結合，大概也是很多西方人喜歡來此旅遊或在此定居的原因。他們中的很多人從事英語教學工作，以至於泰國的國際學校性價比也特別高。我自己不排除日後去泰國養老的可能性，所以去泰國買房屬於消費行為，順帶投資。

　　當然，還有一個直接影響因素，是因為早年在當地買過房的朋友介紹了當地可靠的仲介，直接幫我避過了很多坑。

　　這是個很現實的問題。大家去泰國旅遊過就會知道，賣房的特別多，尤其曼谷，滿眼都是中文介紹，售樓小姐中文說得非常溜，讓你以為回國了——這些就是專門賣給外國人的樓盤，最好不要買。這種專門賣給外國人的樓盤，開發商會把對外價格定得非常高，再透過高額佣金讓仲介去拉人頭。

　　所以，大量資訊不對稱、假資料淹沒真資料，會導致很多人不知道泰國當地房價的真實情況。

　　想看真實資料，第一，不要去中文網站，多看看國外網站上的長租價格；第二，最好實地考察，房子買來後怎麼租、租給誰，是需要提前想好的。我自己在買房前，至少去了三次泰國，踩點看房不說，還盡可能多地瞭解了當地真實的租金情況，算出一個實際的租金回報率，而不是只看網上的資料。

　　我的房子買在普吉島一個相對比較幽靜的海灘附近，主要就是租給歐美遊客。趕上旅遊旺季，短租的回報率比我預期的還要高；疫情之後轉為長租，就稍差一些，但基本也在4%左右，比

起國內也還算不錯。

　　但是，買房之後的出租管理也是一大難題。尤其是異國購房，都會出現這個問題。我在泰國的房子買來後就換過好幾次管理公司，疫情期間也空置了很長時間，這中間花費的時間精力其實都是成本。

　　所以異國買房投資，一定要做好全方位的研究，不要「只看賊吃肉，不看賊挨打」，也千萬不要抱著撿便宜的心理，覺得國內反正已經買不起了，索性在國外買個房，既可以賺房租，也可以賺升值。從全球房產市場來看，的確有低估價值、會增值的好房子，但「便宜的好資產」也沒那麼好找到。

　　房子的租售比只是一方面，投資異國房產，還要看經濟增長、政治因素、供需關係。政治穩定是經濟發展的大前提。

　　正所謂危邦不入、亂邦不住，如果有政治經濟的不穩定因素，完全有可能「一夜回到解放前」，比如很多人吹捧的希臘，是一個已經在破產邊緣徘徊的國家，即使買房贈送歐洲永居，那又怎麼樣呢？

　　另外，並不是國家越發達就越適合投資。人口太少的國家，房價即使被低估也要慎重，畢竟供需決定價格。

　　如果你錢本來就不多，又什麼都不懂、什麼都不研究，對於一個國家所有的認知僅憑那麼幾天的跟團旅行或者僅聽所謂的大V和不可靠仲介向你描述美好未來，去國外買房還不如在國內踏實買，正所謂「不懂不投」。

4. 未來10年，還能買房嗎？

　　我自己之前幾年的確比較愛買房，買房的那種成就感和滿足感是非常容易上癮的，而且也會逼著自己養成存錢、不亂花錢的好習慣。但是從兩年前開始我就已經把房產投資的重心放到了海外市場，例如泰國。

　　很多人問我現在到底還該不該買房、自己所在的城市是否值得投資房產，說實話，除了自住剛需外，我不太建議大家現在再盲目投資國內的房產了。

　　為什麼？

　　其實很簡單，房子作為投資來說，主要可以從兩個方面獲利：

　　一個是出租，獲得租金回報；

　　另一個是資產的增值，透過房價上漲獲得回報。

　　那我們就分別來看一下，從這兩方面來說，中國現在房產投資的價值是多少。

　　第一，租金回報，也就是租售比。

　　先來看下圖1：

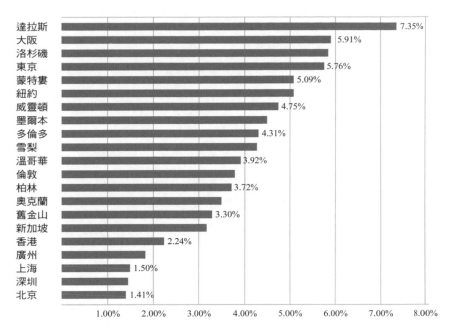

圖1　全球部分城市租金回報率

數據來源：Zillow、Trulis、Treb、REBGV、NUMBEO、Global、Property、
Guide、QV.co.nz、Interest.co.nz、Zoopls、野村不動產等

　　從圖1裡我們可以看出，東京、紐約等發達國家城市的租金
回報率基本在3％～5％，這也是我們公認的一個世界範圍內比
較合理的房產租金回報率，而中國的一線城市，租金回報率不到
2％。

　　相比之下，國內一些二線城市的租售比會高一些，但也很少
有超過3％的。

　　並且，現在大家很少全額買房。

　　所以算一算，從投資角度來看，你覺得投資房子划算嗎？

第二，資產增值，也就是房價上漲。

接下來說一下房價的部分。

首先，我們需要知道，中國現在不管是房價還是房產市場規模，都可以說是「地表最強」。全球住宅價格最高的十大城市，中國佔了4個，分別是上海、北京、深圳、香港。

安信的首席經濟學家高善文在10年前，也就是2010年發表過一個預測，我們國家的經濟增速會逐漸放緩，未來會長期處於低增速的狀態，現在已經基本應驗。

其實，這也是每個國家在經歷了高速發展的時期之後所必然面臨的情況，是一個不可避免的經濟規律。

而房地產，作為固定資產投資，增速也會逐漸下降，不會再出現高速增長了。過去20年那種依靠固定資產投資拉動我們整個經濟增長的模式，已經徹底成為過去式。

另外，一個國家的金融資產的規模可以側面反映一個國家的資本實力，我們一般說的金融資產，就是股票和房地產。我自己從網上蒐集了資料，做了張圖給大家簡單對比（見圖2）：

在美國，股票市場和房產市場規模差不多，都是210萬億元人民幣的市值；

在日本，房產市場規模是70萬億元人民幣，股票市場是45萬億元人民幣，也是差不太多，股市略低於房產市場。

而在中國，房產市場有450萬億元人民幣，全球規模最大，是美國房產市場的兩倍還多，而A股市場僅有60萬億元人民幣的規模，美股市場的1/3都不到。這個規模的比例是極度不協調的。

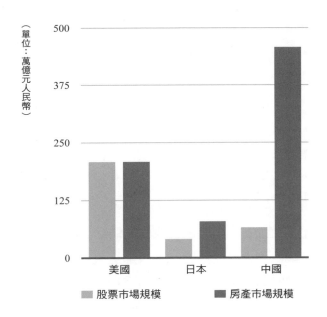

（單位：萬億元人民幣）

圖2　美國、日本、中國股票市場與房產市場規模對比

　　所以，在國家的宏觀調控和經濟的持續發展下，我們有理由相信，未來的股市和房產市場最終會逐漸恢復到一個合理的比例，也就是說，更多的資金會逐漸流入股市，而不再是瘋狂湧入房產市場。

　　水漲船高，哪個市場裡的錢多，哪個市場的價格就還有持續上漲的空間。這麼一看，你覺得房價上漲的空間，還有多少？

　　當然，自住和投資不一樣，衣食住行是必需品，無論何時都有買的必要性。如果你和我一樣，手上已經有一二線城市的房子，不管是自住還是投資，其實也都不用太擔心。

　　因為房價最終是供需關係決定的，雖然增速變慢，但人口始

終還是會持續流入核心城市，所以這些城市的房價即使沒有太多上漲空間，至少也是可以保值的。

　　如果真的要投資國內房產的話，個人建議可以投資人口還會持續淨流入的二線大都市，比如我的家鄉重慶，還有成都、武漢、長沙、合肥這類的核心省會城市，其他的話就不建議考慮了。因為總體來說，在未來，一線城市房價漲不動，三四線的城市房價漲不起來。除此之外，也可以考慮海外的房產市場。

　　說完這些，可能有人會問了，如果不投資房子，手上的閒錢往哪兒放呢？在我看來，股市，或許是個好去處。

　　不僅是國內的 A 股，港股、美股都是值得投資的市場；另外也不一定要購買個股，買基金是更適合新手的做法。

　　上次在北京和幾個做金融的朋友聊天，他們說 2021 年是普通人投資理財、進入股市的元年，當時我還覺得太誇張，現在想想，其實未必不是這麼回事兒。

　　當然，不管投資什麼，一定都要先學習、理性思考，不要跟風，尤其不要高槓桿、貸巨額款去投資。

第七章

理財投資必修課

1. 投資前，先開始理財

　　說到理財，我們一般都會聯想到投資，「理財投資」已經成了一個慣用的固定表達。雖然投資和理財密不可分，但其實它們並不完全是同一件事，這兩個概念有所區別，兩者的目的、策略、結果也都不一樣。

　　首先，兩者的目標不同。

　　投資，從字面意思理解，是「投入一定的資金或資本」，目的是獲取利潤、產生收益。而理財，顧名思義，是「管理個人財富」，簡言之就是把自己的錢進行合理的管理和分配，其中一個用途就是投資。

　　講得通俗一點，投資是一種借助平台獲利的行為，是用錢去賺更多的錢；而理財則是一種資金管理的方式，把錢合理安排，以保證有更多的錢。

　　簡言之，投資看重回報，而理財看重穩定。

　　舉個簡單的例子。把錢存到銀行裡，算理財還是投資？

　　在我看來銀行存款應該算理財，而不是投資。可能有人會問，銀行定期存款不也會有1% ～ 2%的年化收益率嗎？為什麼不算投資？很簡單，因為它一定跑不過通貨膨脹。

　　通貨膨脹上一章裡我們也提到過，指的是貨幣貶值，就是今天在銀行存100元，一年後這100元可能貶值到了90元，原本一年前可以買的東西，現在也買不起了。錢存在銀行裡還是那些錢，但隨著時間推移，能買到的東西卻越來越少。

　　通貨膨脹的原理其實很簡單。某一年中，增發的貨幣量比新產生商品數多了，這一年就會通貨膨脹。比如去年生產了100個價值1元的商品，市場中流通的貨幣有100元，每個商品價格1元；當去年的商品被消費完，今年又生產了120個價值1元的商品，但市場中流通的貨幣卻增加到了150元，這120件商品的價格就變成了150/120 = 1.25元，相當於同樣的物品，價格上漲了0.25元。相較於以前1元的售價，上漲了約25%，也就是通貨膨脹率為25%。

　　由此我們就可以推導出通貨膨脹率的計算公式：通貨膨脹率＝M2增速－GDP增速。

　　其中M2指的是廣義貨幣發行量，GDP則指的是國內生產總值，也就是消費者所消費的全部產品總價值，簡單理解就是從貨幣超發造成的貨幣貶值速度。

　　那我國現在的通貨膨脹率有多少呢？近十幾年平均每年的通膨率在7%左右。也就是說，如果你有100萬元現金，過去一年，它的購買力就少了7萬元；再過一年，再少93萬元的7%，只剩下86萬元；再過一年，又少了86萬元的7%，只剩下80萬元……

　　這個貶值速度是不是比想像的更可怕？

　　所以說，錢存在銀行裡不僅無法產生收益，甚至連通貨膨脹

都跑不過，保值都很困難，極有可能不斷貶值。

投資的目的是產生收入和利潤，而銀行存款肯定無法達到這一目的。但是，銀行存款比較安全，而且活期存款存取靈活，很穩定，可以作為備用金，用以應對我們的不時之需。

因此，當你聽到有人說「我要透過理財成為百萬富翁，實現財富自由」時，請告訴他，那是投資要做的事，而不是理財。

其次，兩者的策略不同。

投資看重收益，需要個人對市場趨勢進行判斷和把握，並擁有一定的專業能力。

而理財除了參考外部環境，更側重於內在需求，例如個人或家庭的生活目標、財務要求、資產負債收入支出的情況以及家庭成員的性格特徵、風險偏好、健康狀況等。理財是對個人或家庭財富的一個長遠和全盤規劃，是運用各種投資產品做組合，以達到分散風險、實現目標收益率的一種手段。

簡言之，投資強調資產成長，理財則強調資產保值與合理分配。

對理財最簡單的理解，就是要知道錢是怎麼進到你的錢包裡？又去到了哪裡？還剩多少？還能增長多少？怎麼分配更合理？根據這些問題，一般來說，我們可以把理財分成賺錢（收入）、用錢（開支）、管錢（資產配置）、借錢（負債）、保護錢（風險管理）、生錢（投資）等，每一項都有不同目的。

因此，投資可以看作是理財的一部分。如果把理財比作戰略規劃的話，投資就是其中的一項具體戰術。

大家都知道的股神巴菲特，他的職業是一名投資人，他擅長

的就是用錢生錢，利用他的專業知識和技能進行投資，產生高額收益，這是他的工作。

而我們大部分普通人，顯然無法將投資作為自己的工作，但我們每個人都可以並且應該學會理財，因為我們都會在一生中面臨各種各樣的財務需求和困境，例如結婚買房、生養教育子女、生病看病、規劃養老……人生的各方面都需要用到錢，也需要我們合理地安排自己的錢。可以說，理財將會陪伴我們終身。

最後，兩者的結果也不同。

投資好壞的衡量標準很簡單也很客觀，就是投資報酬率。任何一個投資，結果不是獲利，就是虧損，獲利和虧損的金額相對本金的比例，就是投資回報率的含義。賺得多，就是好的投資；虧得多，就是差的投資。

而理財的好壞，很難有一個客觀的判斷標準，因為每個人、每個家庭的財務目標以及現狀都不一樣，但理財會直接關係到個人和家庭將來的生活是好還是壞。

相較之下，投資更注重短期的收益，而理財更注重長期的保值和增值。

總的來說，投資是資本的形成過程和手段，理財是指資金的籌措和使用，是一種財務管理技巧，同時又是使投資收益達到最大化所採取的方法和手段，是一種生財之道。

關於投資、理財的順序，我的建議是先理財後投資。如果你沒有做好理財，你絕大機率是沒錢去投資的。而一個人如果只會投資不會理財，獲利率再高，也可能面臨風險。

想一想，假設一個人把所有錢用來買股票，趕上行情好，在

股市賺了幾百萬。但他完全不會理財，有可能下一秒就把所有錢花光或者虧光，因為收益和風險是成正比的，在股市今天賺多少，明天就有可能虧多少。

　　但一個會理財的人，能夠做出很好的資產分配。他會拿出一部分錢投資股市，也會拿出一部分錢投資自己、進行學習，還會拿出一部分錢讓自己享受生活、過得更好。這樣一來，不僅他的投資收益在增加，他的本職工作也會做得更好，同時他也沒有放棄享受生活。

　　那投資和理財應該如何結合呢？

　　我們都知道投資有風險，很多人遲遲不想投資的原因就是害怕賠錢。

　　要知道，做任何事情都是有風險的。開車可能會發生車禍，運動可能會受傷，吃飯還可能會吃壞肚子。但我們不會因為害怕這些風險，就把自己關在家裡，什麼都不做。我們做的，是盡可能去降低風險，減少意外傷害的發生，例如開車時多注意路況，運動時注意正確的姿勢，吃飯前多關注食材的品質……

　　同理，投資也一樣可以控制和降低風險，方法就是透過理財，將投資多元化，分散不確定的因素。

　　另外，理財也是投資的必要準備工作。

　　我們經常聽到有人會說，我沒錢，沒辦法理財投資啊。這是一種窮人最常有的消極心態：遇到困難第一反應就是「我不行」，而不是去想「我怎麼才能行」。從根本上來說，這其實是搞反了因果關係——不是因為你沒錢所以沒法理財，而是因為你不理財，所以你才沒錢。

　　比如最常見的，上週剛發了薪水，幾天後戶頭裡就沒錢了，自己也完全不記得錢花到了哪裡。因為存不了錢，你當然會覺得自己沒錢理財投資。

　　在投資之前，我們需要先理財，這樣才能為投資攢下資本。

　　而在理財的階段，也可以同步進行投資，例如閱讀投資理財相關的書籍、學習線上課程、瞭解更多相關的資訊等，即使是巴菲特這樣的投資專家，也一樣有過從零開始的階段，沒有人一生下來就會投資，也不太可能一次就成功，學習和積累經驗都是必不可少的。

　　簡單來說，在投資前的理財準備階段，我們更應該投資自己的腦袋。學到腦子裡的東西永遠不會丟，將會一輩子跟隨你。

2. 先理財還是先理債

　　有一個問題我被問到過很多次：很想學習理財投資，但自己本身有負債，當存到一筆錢之後，究竟應該先投資還是先還債？

　　選擇先投資，如果投資成功獲利，自然可以更早還清負債；但投資都有風險，一旦失敗虧損，就有可能債上加債。

　　如果選擇先還債，由於沒有餘錢開源，還債進度可能會非常緩慢，還清負債也許是好多年後的事情了，也就失去了利用複利放大收益的機會。

　　因此，想投資卻又身揹負債的人，常常會陷入兩難的境地。

　　其實在思考這個問題之前，你需要先搞清楚，自己背負的是什麼樣的債？

　　如果是房貸這樣的優質資產負債，可以不用太擔心，因為它本身已經算是理財投資的一部分了。

　　而如果是不良負債，那就需要先想一想，自己為什麼會揹上這樣的債？從我自己和我身邊的人負債的情況來說，常見的不良負債通常是由以下兩個原因導致的。

(1) 花的錢比賺的錢多，入不敷出導致的負債

有一本叫《飽食窮民》的日本紀實文學書裡也提到過這樣的案例。一個東京的銀行女職員，和大部分女生一樣，看上了一個超出自己消費能力的奢侈品包，便打算使用小額信貸貸款購買。本來只想借幾萬塊，可貸款中心看她職業收入穩定，一下子給她核准了幾十萬的貸款！這個女生也沒能抵抗住誘惑，用買完包剩下的錢出國旅行，購買貂皮大衣、珍珠項鍊⋯⋯錢很快揮霍一空。臨近還款日期無法償還，她便只能去另一家貸款中心貸款還債，拆東牆補西牆，最後的結局相信也不用我多說，利滾利，滾出了幾百萬元的巨債。

這樣的案例在我們身邊數不勝數。比如我認識一個女生，在北京拿著8000元的月薪，平時花費也不低，生活已經比較拮据。她一直覺得自己長得不夠好看，愛美心切的她不惜貸款好幾萬做了整形手術，想著分期還款慢慢還清，沒想到遇上了疫情，她失業了。貸款逾期，利息也越來越多，慢慢變成了一筆很難還清的負債。

(2) 做了超過自己風險承受能力的投資，失利虧損造成的負債

我就曾遇到過這樣的事。學生時代，我連股票是什麼都不知道，僅僅聽同學說有一位非常會炒股的「股神學長」，就找家人朋友借了1萬元錢拿去給學長炒股，滿心歡喜以為很快就會賺得盆滿缽滿。結果自然是血本無歸，並且虧光錢的速度快到令我愕然。

　　雖然虧了錢還欠了債，但這件事算是我不可多得的人生一課。還清負債後，我到現在再沒有背負過負債（除了房貸），也再沒有做過任何自己不懂的投資。

　　因此，如果你現在有負債，我建議你先找出負債的原因並且進行改進，否則即使你開始投資賺到了錢，也不過是用來還清下一次的負債罷了。找到原因後，如果手上還有一筆錢，我會建議你先還債，而不是先投資。原因很簡單。一方面，債務一般都有利息，越早還完，省的錢越多；另一方面，是為了控制風險，避免因為投資失利再次虧損。

　　當然，還債也是理財的一部分，可以算作是一種「防守型的逆向投資」，是在把本就屬於你的財富找回來。早還一塊錢，多省一塊錢，其實也是給未來的自己多賺了一塊錢。

　　要知道，負債的利息一般都遠高於理財投資收益，想想看，就算你每個月都用1000元去投資，賺到8%的年化收益（已經算很不錯），但如果你欠著信用卡，一年的利息就高達百分之十幾甚至二十幾，最後你還是虧錢。換句話說，存了錢好像沒存到，賺了錢好像也沒賺到，不過是一直在給債主打工。

　　透過還債，可以增加每個月的現金流。隨著每期還款金額越來越小、貸款利息越來越低，你的可支配資金也會變多，之後再去投資積累財富，速度也會變快。

　　還債是為了讓自己盡快擁有足夠且穩定的現金流，有完善投資策略的基礎。

　　而且，投資本來就是一場長跑，如果揹著債跑，負擔太重。

　　投資都是伴隨著風險的，如果你在投資的時候還背負著還貸

的壓力，風險就更大，就像是長跑的時候，有一股阻力一直在後面拖著你，你就很難跑得快。

可以想像一下，假設你面前有兩個一樣大小的水桶，分別有一個進水的水管。第一個水桶底部有一個破洞，但水管更粗、進水速度更快；第二個水桶是完好的，但水管直徑小、進水速度慢。你覺得哪個桶會更先裝滿水？

乍看之下，好像應該是第一個桶，畢竟進水多、水位上升快。但是問題的關鍵在於，一個漏水的水桶是永遠裝不滿的。你的負債帶來的每月必還的利息，就如同水桶底部的洞，正在不知不覺漏掉你的資金。

因此，在有負債的情況下，第一件事永遠是還清負債，第二件事是存錢，第三件事才是開始投資。

如果你現在已經有債務要還，那就要乖乖地開始省吃儉用了。每個月扣除生活必要開銷，剩下的就要用來還債和存錢了，等你把債務還清再對自己好一點也不遲，也更可以嚐到苦盡甘來的滋味。

另外，趁著還債的這個時期，也可以充實自己的頭腦，學習科學的理財觀和穩健、適合自己的投資方式。

3. 為什麼投資一定要用閒錢

　　大家都聽過「槓桿」這個詞，什麼是槓桿呢？可以用阿基米德的一句名言解釋：「給我一個支點，我就能撬起整個地球。」槓桿就是以小放大，透過借錢的方式增加自己的本金，試圖增加額外的收益。

　　有人會想，銀行貸款利率相對比較低，那我去銀行借錢然後用於投資獲得高於貸款利率的回報，豈不是空手套白狼，賺得超爽？從數字上來說是有可能，但投資理財之所以有趣，就是因為它不只是一個計算數字的遊戲。

　　槓桿對應的獲利模式就叫「套利」，比如前面說的這種從銀行借錢、然後轉投到預期回報率比貸款利率更高的地方，如此一來，不需要本金就能賺到錢。然而，實際上能成功套利的人少之又少。絕大部分以為自己在用槓桿套利的人，更有可能是在「套損」。

　　因為任何投資的預期回報率，都不是定值，而是一個會變化的變數，但銀行的貸款卻是百分之百一定要還的。

　　當你投入了本金，接下來會產生多少收益，是由市場來決定的。即使你可以透過分析、預估，算出期望的報酬，但市場瞬息

萬變，「黑天鵝」隨時可能到來，你投資獲得的實際收益結果會受到市場變化、真假消息、行業發展、公司營運、政治環境、國際金融事件等因素的影響，沒有人能夠準確預測。當你的投資以虧損收場，銀行也並不會因此少收你一分錢的利息。

事實上，槓桿本身只是一個工具，只有極少數人擁有正確合理運用財務槓桿的本事和具備承擔這個槓桿所帶來的風險的能力。

因此，有一個理財的基本原則，大家必須要記住：投資一定要用閒錢！

所謂的閒錢，必須滿足兩個條件：你短期內不會用到；即使這筆錢沒了，也不會影響到你的正常生活或是降低你的生活品質。只有這樣的錢，才可以用來投資。

為什麼必須用閒錢投資？

首先，因為投資是一項週期很長的工作。

任何一種投資方式都有一定的週期性，很難一夜暴富。例如中國國內的股票市場，一個完整的牛熊週期大致需要5～7年，且波動很大、風險極高，短期的市場漲跌都是正常的。你入場開始投資的時候，是完全無法預測市場漲跌的，因此你唯一能掌控的就是，降低你投入的這筆錢對你的影響。

如果你用來投資的這筆錢是閒錢，即使短時間內出現虧損，也不會影響你的正常生活，你可以從容不迫地持續投資，獲得長期收益；但如果不是閒錢的話，你可能會戰戰兢兢、憂心忡忡，如果你提前離場就可能導致虧損。

對我們影響最大的，不一定是投資能獲得多高的回報，而是

在遭遇風險的時候，我們能承受多大的傷害，讓自己還可以繼續留在市場上等待下一次的機會。就如同巴菲特說過的這句話：「只要你不犯太多錯誤，人的一生只需要做對幾件事就好。」

其次，因為投資是一件高風險的事。

投資和理財不同，因為投資的目的是追求收益，自然也伴隨著風險。

如果你投入的真金白銀不是閒錢，而是你用來買房、裝修、看病、結婚甚至是用來當作孩子學費的錢，那麼這筆錢一旦出現虧損，可能會嚴重影響你的生活。

天有不測風雲，人有旦夕禍福，誰也不知道明天會發生什麼事。你可能會突然發生交通事故，可能會忽然病倒，可能會因為公司不景氣突然被裁員……這些意外都有可能讓你突然失去收入。因此，開始投資前，必須先留出一定金額的「緊急備用金」，就是救急用的、隨時需要就能隨時拿出來的一筆錢，需要保證錢的本金安全並且能夠靈活地隨取隨用。這筆金額最好是3～6個月的生活費，也就是能給自己留3～6個月的緩衝期。即使遭遇突發意外，3～6個月沒收入，也不會影響你的生活。

當然，你需要透過記帳知道自己到底一個月需要多少生活費，這樣才能有目標地存錢。存下的這筆錢無論如何不能輕易動用，也不能用於投資或做其他事情。存夠這筆錢後多出的錢，才能算作閒錢。

如果手上還沒有閒錢，那就別急著投資。因為投資不是比速度，不用心急，也不要妄想一夜暴富。投資就好像蓋樓，想把樓層蓋得更高，你的地基需要穩。這個地基，就是投資前的各項準

備，包括理財、存錢和還債。

　　我曾經看過一句話，印象很深刻：「有兩件事將會定義你：當你一無所有時你所擁有的耐心，和你擁有一切時你對別人的態度。」

　　對剛開始理財投資的新手來說，就是當你處於一無所有的狀態時，你必須有耐心去學習、摸索、糾正錯誤。很多人羨慕別人投資賺到了錢，害怕自己再不參與就來不及了，基於「怕錯過」的心理，急匆匆掏出口袋裡的錢跟著去投資，結果很可能欲速則不達。

　　投資不是在你能拿出錢的時候才開始，而是在你做準備的時候就已經開始了。所以，不管是還債、存緊急預備金還是準備閒錢的過程，其實都是理財投資的一部分。在這個過程中，你最需要的就是耐心。

　　當你還清你的債務，並且存夠至少6個月的生活費後，剩下的錢才算閒錢，你拿去投資賺到的收益，才是真正屬於你自己的財富。

4. 五個理財盲點

　　大家都聽說過盲點。我們的眼球內有一個中心點，因為沒有感光細胞，所以腦部無法形成影像，被稱作「盲點」。生活中那些我們留意不到的事物或是沒有掌握的知識或技能，也都被稱作盲點。盲點不光眼睛有，生活中有，思想上有，甚至連理財中也會有。很多人一直存不了錢，或是存了錢之後又莫名其妙地花掉，還有下定決心理財卻遲遲無法取得任何成效，問題都出在自己的理財盲點上。

　　有五個盲點，是我觀察到大部分人都會有卻察覺不到，常常身在其中而不自知的。

　　第一個盲點是搞錯了存錢的順序，總是把錢花掉之後才開始想存錢。

　　很多人喜歡先花錢，再存錢，領到薪水第一件事就是先消費、犒賞自己，到了月底看看帳上還剩多少錢，再把它存起來。但這樣做的結果就是，你基本不可能存下任何錢。

　　先存，再花，是絕對不能改變的存錢守則。

　　絕大多數窮人和富人，在一開始都會經歷為別人工作、獲得薪水這個人生中必經的起步階段，但不同的是，有的人會一直停

留在這個階段，而有的人，會利用這個階段的收入為自己未來的財富打下基礎，積少成多。你未來的財富，其實都是從你現在的薪水開始累積。

第二個盲點，總是喜歡說「錢沒了沒關係，再賺就會有！」

這句話從字面意思上來說沒毛病，錢的確是再賺就會有。該花的錢必須花，比如為了健康進行的健身、保險、醫療等支出或是為了提升自己買書、買課、學習的費用。花這些錢的時候，你可以告訴自己「錢花了再賺就有」，來讓自己花錢花得安心，但千萬不要把這句話無限擴張到消費上。

因為錢，是你花時間才能賺來的，而每個人能夠賺錢的時間是有限的。錢，真的不一定再賺就有。

我們大部分人一生中的收入，是一個倒 U 形曲線，在你年富力強的時候，收入達到頂峰，但隨著你年齡增加、體力下降，你的賺錢能力也會逐漸下降。「錢再賺就有」的說法，也忽略了時間的機會成本和可能帶來的複利價值，錢或許真的再賺就有，但你損失掉的是時間，而時間，再也不可能賺到。

我們這輩子都只能賺到有限的錢，所以請把你的收入看成是你付出時間精力交換的結果，認真對待每一筆錢，才是在認真對待自己的未來。

第三個盲點是，從來不編列預算。

很多月光族覺得自己之所以存不了錢，是因為賺的錢太少。但其實真相是，就算給他們再多錢，他們到了月底一樣會花得一分不剩，除非他們現在開始學會編列預算。

想一想，你第一次到一個陌生的地方，必不可少的東西之

一，一定就是地圖導航。如果沒有地圖，即使心裡有一個目的地，你也很難到達，大部分時間都是憑著感覺在走回頭路或是原地打轉。

在理財當中，我們也一樣需要「導航」。預算，就是你的財務藍圖。它能夠讓你按照自己預估的計畫來花錢，而不是「憑感覺花錢」。

想取得工作中的成就，大家都知道要學會時間管理、設定工作目標、制定計畫並按計畫執行，其實理財也一樣。制定財務預算，能夠讓你在收入和開支之間取得平衡，更有效率地花錢，達成理財上的目標。

預算雖然很重要，但在理財中卻常常被人忽略。你可以調查一下身邊的朋友，看看有多少人有做財務預算的習慣，有的話又能堅持多久？通常來說，如果沒有被生活逼到絕境，很少有人會切身實行預算這件事。

預算，就是有計畫地花錢，預先將錢存到位。拿到工作收入後，把該花的錢拿出來，把該存的錢留下來。做好預算，做好分配，學會設定目標，你的生活才不會漫無目的。

第四個盲點是拚命存錢，卻不懂得如何花錢。

很多人開始理財之後，就進入了一個瘋狂存錢的誤區，節衣縮食、不敢花錢。但其實理財，顧名思義，是管理好自己的財務，而不是完全不花錢。只存錢不花錢帶來的財務狀況，也未必健康。

金錢其實是一種交換資源的貨幣。在貨幣被發明以前，我們可以直接交換工作成果，例如漁夫用捕來的魚去交換隔壁村民家

裡養的雞。有了貨幣之後，我們只不過是先把自己工作努力的成果換成金錢，再用金錢去交換自己想要的東西或資源。交換資源，才是金錢的價值。如果你只是把錢存起來一動不動，那麼金錢也就失去了它的意義。

理財不是讓大家不花錢，而是學會聰明地花錢。適當消費是為了更好地鼓勵自己，適當投資是為了穩定地積累財富，你花出去的每一分錢，都可以是有目的的。

存錢自然是一件好事，但也不要因小失大，被金錢捆綁住。只要做好規劃、預算，有計畫地花錢，就不用擔心花過頭。畢竟，我們也要學會感受金錢的善意。

第五個盲點，把別人短期獲得的報酬，看成自己長期會有的獲利。

有一個說法是，如果你找一萬個人來拋硬幣，猜硬幣的正反面，總是會有人連續猜對好多次；如果你找一百萬個人來買彩券，總是會有人中獎。只要基數足夠大，一切皆有可能發生。

投資也是這樣，只要參與的人數足夠多，就一定會有人在短期內賺到超高的收益。這也是我們為什麼總聽到有人年化收益率好幾百、短時間內本金翻了好幾倍這樣的暴富神話。也許他們當中的一些人的確有自己所謂的一套方法，但問題是，換一個人，就一定能複製這種暴富的奇蹟嗎？且不說換一個人，就算讓同一個人再重來一次，他一定還能夠獲得同樣的投資回報嗎？很多情況下，所謂的「暴富方法論」，都不過是馬後炮罷了。

就好比一個中彩券賺了1000萬元的人，跟一個努力工作存錢10年賺了1000萬元的人，如果兩個都重來一次，你覺得誰更

有可能再次賺到這1000萬元？

　　投資是一件長期的事，我們所說的市場規律，更多的是站在一個長遠的週期來總結，而短期內市場會經受到各種因素的影響產生波動。最愚蠢的就是把別人短期甚至某一次偶然的投資獲利，看作自己可以長線複製的預期投資回報。

　　還是那句話：我們永遠賺不到自己認知以外的錢。

　　以上的五個理財盲點，如果你也不幸被言中，需要盡快讓自己脫離出來。在真正開始投資之前，掃除自己的盲點，更全面更科學地理財。

5. 什麼是存錢效率

在存錢的過程中，大部分人關心的都是存下來的金額，卻鮮少有人關注到存錢效率這個指標。我自己也是在理財幾年後，才慢慢發現存錢效率其實比存多少錢更重要。

如果只以最終結果來看，存下的錢自然越多越好，但如果忽略了存錢效率，會拖慢你存夠這些錢的速度。

那什麼是存錢效率呢？

打個比方。假設小A和小B一樣都是每月收入20,000元，其中小A每月能存下6000元，小B每月能存下8000元。乍看之下，我們都會覺得小B比較會存錢。但是，小A每個月的必要開銷是10,000元，而小B每個月的必要開銷是5000元。現在，你還會覺得小B比小A更會存錢嗎？

這個時候，我們要比較的就不僅是存款的絕對值了，而是需要參考存錢效率。小A在扣除每月必要開銷之後，剩下的可支配金額為10,000元，因此他的存錢效率：

6000/10,000 ＝ 60%

而小B扣除每月必要開銷之後剩下的可支配金額為15000元，因此他的存錢效率：

8000/15,000 ＝ 53%

也就是說，雖然小Ａ存下來的絕對金額不如小Ｂ，但他在存錢效率上是勝過小Ｂ的。兩人的收入不會一直不變，長此以往，可以說小Ａ的財富積累速度會慢慢超過小Ｂ。

存錢效率是基於每月的可支配金額來計算。也就是說，我們要先扣除每月的必要開支，比如必要的衣食住行花費、房租房貸、水電網路費等，在剩下的可支配金額裡，要看哪些是花在了吃喝玩樂購物等非必要支出上，哪些是真正能存下來的。也就是說，要看自己原本能存下來的錢，有多少最終轉化成了存款。

存款強調的是一個靜態的數字，存錢效率強調的則是一個動態的比例。

存錢路上的一大阻礙就是，當收入提高的時候，我們會不知不覺把錢花掉來提升生活品質。資產還沒升級，消費先忙著升級。名牌包包、潮牌鞋子、新款手機、遊戲機……因為收入的增加，這些奢侈品就被我們列為消費品了。這樣我們的可支配金額就大大減少。這就是很多高收入人群看起來生活光鮮，實際上資產為負的原因。

我就認識一些這樣的女生。她們的收入本身不低，於是每天打扮光鮮，出入各種高檔餐廳和精品店，在社交媒體上發布到處旅遊的照片，收穫著別人的羨慕和按讚。但其實我知道，她們沒有存款，沒有資產，有的只是滿滿的信用卡負債。或許現在還看不太出來，但隨著年歲增長，很快就會暴露出她們這種生活方式所帶來的弊端。

理財是對人生的長期規劃，我們追求的不是別人眼中的光鮮

亮麗，而是更早地過上自己真正想要的生活。

　　這也正是我們需要注意存錢效率的重要原因之一。如果只看自己存下了多少錢，很容易被存款的金額所蒙蔽，卻忽略了效率。

　　再舉一個例子。小Ａ現在每月的收入是20,000元，每月的基礎必要開銷是10,000元，剩下的10,000元可自由支配的資金中，2000元用於其他花費，剩下8000元存起來。工作幾年後，小Ａ的收入增加到了每月30,000元，決定每月拿出10,000元存起來，比起以前的8000元更多了，小Ａ覺得很開心也很滿足，看到存款越來越多、覺得自己正在慢慢變富有。

　　問題來了。你覺得加薪之後的小Ａ，變富的速度有增加嗎？表面上看起來是，他存到的錢變多了，但比起原來的存錢效率，他反而倒退了。

　　加薪前，小Ａ的存錢效率是存款除以可支配資金，也就是8000/10,000 = 80%。而加薪後，由於必要開銷並沒變多，可支配金額也隨著變多了，存錢效率變成了10,000/20,000 = 50%，比原來的80%下降了不少。

　　當小Ａ自以為存款變多了而感到高興時，並沒意識到他的存款效率反而降低了。存款數字的增加容易給人帶來一種幻覺，讓我們以為自己已經在財富自由的道路上飛速前進。但有時候這只是表面現象，雖然我們提升了結果，卻沒有提升效率。

　　哪怕只是維持以前的存錢效率，小Ａ的財富增長通道也是可以更快的。如果在加薪後，小Ａ有意識地維持自己80%的存錢效率，就應該拿出可支配資金的80%存起來，也就是16,000元，

而不只是存10,000元就覺得滿足。在此基礎上，他也完全有足夠的錢可以進行獎勵性的消費——存16,000元之後，他依然會剩下4000元進行自由花費，比原來的2000元多了一倍，完全足夠他用來犒賞自己。

　　你看，保持高的存錢效率和適度提升生活品質，兩者是不是完全不矛盾？

　　這就是理財的有趣之處。有時候只需要稍微轉換一下觀念，改進一下原有的方式，就會取得意想不到的結果。即使只是存錢這樣一件小事，當你注意到存錢效率，而不只是和大多數人一樣僅僅關注最後的存款，你就可以更高效地運用自己手上的錢，獲得事半功倍的效果。提升存錢效率，可以在賺同樣收入的情況下，存下更多錢用於日後的投資；更重要的，在收入增加的情況下，把多出來的錢花到更關鍵的地方。

　　這些平時很少被人注意到的細節，其實才是理財投資中致富的關鍵。

6. 該不該用信用卡

很多人有了存錢的意識之後，就覺得要避免一切可能會讓自己過度消費的事物，其中最典型的就是信用卡。

一聽到信用卡，很多人眼前浮現的是還不清的帳單、衝動刷卡、提前消費……對於自制力差、缺少強大理財觀念的人來說，信用卡改變了這部分人的消費習慣，讓他們把不該花的錢提前花掉了，甚至透支了他們的未來。

但也有人覺得，信用卡是一種非常好用的工具，它使用方便、資金周轉也方便。最重要的是，每個月的消費都可以晚一個月支付，卻不用支付利息，如果把這筆錢放在銀行裡或是去理財，一個月後再支付信用卡帳單，不就相當於白送了一個月的利息錢嗎？除此之外，它還能累積信用，積分還能兌換星巴克咖啡，怎麼會有人不願意用信用卡呢？

那我們就來說一下，信用卡到底該不該用，可能會帶來哪些利弊。

最早的信用支付出現在19世紀末的英國，它專門針對有錢人購買昂貴的奢侈品卻沒有隨身攜帶那麼多錢的情況而設計，發展出了所謂的「信用制度」，利用記錄的方式先賒帳，之後再還

款。

　　20世紀50年代，第一張針對大眾的實體信用卡出現了。有一次，一位紐約商人在飯店用餐，由於沒有帶足夠的現金，只能讓太太送錢過來，當時他覺得非常尷尬，於是他成立了「食客俱樂部」，任何人獲准成為該俱樂部會員後，只需要帶一張會員卡，就可以到指定的27家餐廳記帳消費，不用支付現金。這就是歷史上第一張信用卡的誕生。

　　後來，隨著俱樂部簽約合作的對象越來越多，可供臨時透支服務的範圍越來越大，人們也習慣了這種不用攜帶現金的交易方式。再後來，美國富蘭克林國民銀行發行了第一張金融機構信用卡，此後其他銀行也紛紛效仿，信用卡就這樣普及了起來。

　　那銀行透過信用卡，可以賺到什麼呢？

　　第一，信用卡年費。信用卡的等級不同，年費也不同，有的信用卡只要你刷滿要求的額度，就可以免年費。有的高級信用卡，年費則高達好幾千元，當然辦卡門檻也比較高。

　　第二，循環利息費用。循環利息是在我們未能全額還清欠款時產生的利息，從帳款記帳日起，到該筆帳款還清之日，這中間的時間就是計息天數，一般會按照萬分之五的日利率來計息，並且按月收取複利，直到全部還清為止。

　　第三，預借現金的手續費和利息。信用卡一般都提供預借現金功能，除了手續費，也會產生循環利息。

　　銀行透過信用卡能賺的這些錢，也是我們使用信用卡可能會支出的費用。可別覺得萬分之五的日利率聽起來很小無所謂，累積下來可不小。

　　我曾經就比較脫線，收到信用卡帳單大多只是掃一眼就把錢還了，結果某一次收到帳單，記帳期最後一項竟然出現了三位數的循環利息，我嚇了一跳，自己一向都是老老實實按時還款的啊？

　　仔細核對了半天，發現有一次出國旅行的消費，帳單只提醒美元還款額，但是匯率又存在即時變動，導致我自己計算時少算了一些。最後還款總金額其實就差了20元，即使按照萬分之五的日利率來算，也不至於產生三位數的循環利息吧？我打電話詢問銀行客服，才上了一課：原來，只要到期還款額不足，哪怕只少還了一分錢，也是以本期帳單的總金額進行計息的！

　　最後也只能老老實實還清欠款，並且提醒自己，信用卡多少是有陷阱的，別忘了警惕這免費的午餐。

　　但是信用卡也有它實實在在的好處。最重要的，就是可以幫助我們累積信用。

　　比起在30歲之前實現財富自由、提前退休這樣的豪言壯語，我覺得對於大部分普通人來說，30歲更需要的，是建立良好的個人信用。無論在哪個國家，作為一個成年人，建立良好信用是立足於社會的重要一步。

　　平時不用信用卡好像也不會太影響日常生活，但一旦買房買車需要貸款的時候，銀行就會根據你的個人信用來判斷是否可以貸款給你、能核多少貸款給你，而如果你從來沒有用過信用卡，這個時候你可能就會發現，你的個人信用這一欄是空的。

　　在現代社會，信用不僅是在貸款買房買車時才發揮作用，信用消費其實已經滲透到了生活的各方面。我在美國生活的時候，

就連租房也是需要查看個人信用紀錄的。在越發達的社會，信用體系就越重要。

你的信用決定了貸款申請到的額度和還款利息的多少，良好的信用可以讓你在幾年裡省下一大筆錢，也能多出很多投資機會。也就是說，信用決定了你能買什麼，不好的信用會導致你什麼都買不到。

如此重要的信用，建立起來也很容易，你只要按期全額還清你的信用卡帳單就可以。

除此之外，信用卡還有一些別的好處，例如積分可以兌換咖啡，可以享受一些額外福利……

因此，當你開始工作有收入之後，我會建議你辦一張信用卡，慢慢開始累積自己的個人信用。但用信用卡時，必須注意以下幾點原則：

第一，不要過多關注額度，只申請符合自己消費能力的額度。

很多人拿到信用卡的第一件事情，就是看銀行給的額度上限是多少，並且喜歡攀比——如果身邊的同事、朋友都有好幾萬元甚至數十萬元的信用卡額度，但自己卻只有幾千元或1萬元的額度，會感覺銀行看不起自己的消費能力。

其實銀行只是一個金融機構，要想被銀行看得起，你就得給到一定的證據支援，例如存款證明、收入證明……如果你的存款或月收入很高，那銀行不可能不給你批准高額度，要知道，銀行就是希望你消費，才有機會收到高額的循環利息，你消費得越多，銀行越開心。

因此我的建議是，第一張信用卡的額度，千萬不要超過自己的月薪。並且，你可能會在開始使用信用卡一段時間後，發現銀行鼓勵你提升額度，這當然是一種對你信用的肯定，但是先別急著開心地答應——你真正需要注意的不是刷卡額度有多少，而是如何做到不違約。

如果你每個月收入只有1萬元，但擁有了10萬元的信用卡額度，你覺得這是一件好事嗎？乍看好像是，你可能會覺得，可以分期購買10萬元的東西了呀。可是你有沒有想過，萬一後續資金的來源中斷了（例如失業、生病），馬上就會出現負債。如果你買的是房子，那麼房子至少是一份保值的資產，你可以用它作為抵押。但如果你花10萬元買了漂亮的衣服、珠寶或是去旅遊吃了大餐，唯一給你留下的，就只有必須要還的信用卡帳單了。

另外，如果你經歷過信用卡分期還款或是用信貸之類的小額貸款來補之前欠下的透支債務，你就能體會到，當你每天去工作的時候，發現未來幾個月你賺來的收入都不是你的，而是屬於銀行的那種感覺。同時，分期還款也會產生更多利息，就是一種拆東牆補西牆的行為。

導致這一切的原因，都是沒有量入為出。如果一個商品或服務，是你必須刷信用卡才能負擔得起的，別再給自己找藉口了，那可能不是你目前的必需品。

所以，要正確使用信用卡，你需要先學會控制信用卡的額度，不要盲目攀比，只消費自己能力範圍內的額度，把信用卡當作一個現金的替代工具。

第二，一定要足額、按期還清所有信用卡帳單。

既然開始用信用卡，就必須認真對待還款。

舉例來說，很多信用卡的還款日期在月底，而大部分人的發薪日在次月月初。這樣一來，到月底的時候上個月的積蓄已經花得差不多了，無奈只能欠繳幾天，於是不僅信用受到了損傷，還要承擔高額利息，反而得不償失。這個問題的解決方法其實很簡單，那就是打電話給銀行客服，將信用卡還款日調整到自己發薪日的三天後就好了。

另外一件你可以做的事情就是，設定自動扣款。這也是我強烈建議每一個持有信用卡的人都應該做的。這樣你不僅不會因為忘記還款而出現違約，同時也可以發揮資金的最大優勢。

這兩件事情其實都很基礎，但銀行通常不會主動提醒你，需要自己留意。

第三，不要只為了獲得某項「優惠」去選擇辦信用卡。

很多人抵擋不了優惠、贈品的誘惑，因此辦了很多信用卡，結果增加的管理成本比獲得的優惠還要高。

有優惠當然很好，但還是建議按照你的生活習慣選擇信用卡，夠用即可。信用卡是為了讓你的生活更方便，不要讓它變成一種負擔。

我到現在都只有一張信用卡，額度也並不是很高，完全符合我自己的消費能力，並且支援多種貨幣，國內外都能用。消費集中、管理也方便，不需要去記住不同的還款日期，也不需要攜帶很多卡或是在手機上綁定不同的卡。透過一張信用卡就能達到消費記帳的效果，比擁有一大堆信用卡更適合我目前的財務情況和生活習慣。

　　並且，我也從來不用信貸，任它優惠福利再多也不用。一張信用卡已經足夠滿足我的消費，並且，我為自己設定的生活費是固定的，不會有多少額度就刷多少，否則信用卡刷完了再申請信貸，就掉進「卡奴」的陷阱裡。

　　總的來說，信用卡只是現金支付的替代方式以及一個積累信用的工具，信用卡可以有，但一定要用正確的態度去對待它。

　　一開始，盡量辦一張額度較低的信用卡或者根據自己的日常生活習慣，為自己設定一個生活費標準，每個月從自己的收入中劃出這部分生活費到一個帳戶中，然後只從這個帳戶裡還信用卡。也就是說，你不再以銀行給你設定的額度為準，而是以你自己給自己設定的額度為準。如果花完了，就不再花了。

　　當自己無法使用信用卡時，你會比平常更加關注自己這個月還剩多少生活費可以花，因為你明白一旦錢花完了，你就無法繼續消費了。

　　從今天開始，你就可以去辦一張額度合適的信用卡，一步步建立自己的個人信用，同時也需要建立良好的信用卡消費習慣，戒掉揮霍的透支消費方式。

　　說到底，瞭解自己的消費習慣、懂得衡量自己的經濟能力，學會區分「想要」和「需要」，知道如何控制自己的消費欲望，是使用任何金融工具的前提，信用卡也不例外。

第八章

一步步開啟理財規劃

1. 科學理財六步走

從本章開始，我們將進入理財的具體知識學習。

理財本身，和我們上學一樣，是有難度等級的。難度越低的，風險也越低。新手就可以從這些風險小、難度低的學起，然後一步步進階。

支付寶曾經給幾億用戶畫了一條科學理財的路線圖，這個路線圖把科學理財大概分為了六步，分別對應著小學一年級到六年級。不同階段的理財，也有著不同的收益和風險。我們也可以根據這個收益和風險，來分配自己的資金。

其中，銀行存款，算是最基礎的一種，它簡單易操作，沒有難度，但這種理財方式連通貨膨脹都跑不過，收益也基本可以忽略。

二年級的產品，就是定期理財了。所謂定期理財，不是銀行的定期存款，而是指國債、政府債、銀行理財等。它們收益比較固定。

三年級的產品，就是這些年很流行的指數型基金定期定額了。再往後，就是主動管理型的基金了，這類基金和指數型基金不一樣，是由專業人士來打理的，因此收費高一點，風險大一

點，收益有可能高也有可能低。重要的是，這類理財對你的要求
會高一些，你需要做一些研究學習，才能選出適合自己的產品，
因此這就是理財四年級的內容。

至於股票，其實是大眾接觸的投資管道裡風險最高的一類產
品，可以算是理財五年級的內容。很多人都是在股票裡虧了不少
錢之後才發現，原來股票比自己想像的難很多。

六年級，就更複雜了，叫作資產配置。也就是一個人或者一
個家庭裡，上面各種類型的產品，都需要配一點。好比吃飯要葷
素搭配才能營養均衡，我們在科學理財的時候，也需要合理搭
配，才能讓自己的理財計畫更均衡。

想合理搭配這些產品，我們就需要先瞭解一下它們各自的特
點，主要是風險和收益。

一到二年級的產品，都可以被歸類到債權類產品。所謂債權
類產品，就是借款關係，是基於債權債務而產生的關係，借款方
需要按照約定還本付息。債權類產品通常會透過抵質押或者是連
帶責任擔保的方式提高借款人的違約成本，一旦違約，便可以處
置抵質押物資產保證投資人的利益，所以債權類的產品風險比較
低。

在固定收益的定期產品後面，三到五年級的產品，就都是另
外一個種類，叫作股權類產品。

如今市場上投資理財的產品種類繁多，但基本上都可以分為
這兩大類：我們前面說到的債權類產品，還有股權類產品。

股權類產品，就是企業透過股權的形式進行融資，是一種風
險、利潤共存的投資模式，投資人所承擔的風險較高。如果所投

資企業業績良好，則可以獲得高額回報，如果業績不理想，就可能會面臨投資虧損。

無論是指數型基金、主動型基金還是股票，本質上都是股權類的產品，誰都無法預測最終的收益，所以不可能給你一個固定的回報。這類產品的收益可能會比定期產品高很多，但也有可能會虧損，而且價格會一直變化。

三年級的指數型基金，就是一個入門級的股權類產品。相對其他股權類產品來說，它的風險相對會低很多。而且，為了進一步降低風險，你可以使用定期定額的方式，來做長期投資。

至於四年級、五年級的課程，就是主動型基金和股票，這都是高風險高收益的產品，因此要求參與者有一定的金融專業技能，比如瞭解行業背景、懂得基本的財務知識。更關鍵的是，還要有良好的心態。千萬不要只看到收益，不注意風險和門檻，盲目投資。

一到五年級的這些東西，我們都需要瞭解一點。因為它們各有各的用處，我們可能多多少少都需要配一點。這就是理財六年級的內容：資產配置。這個部分我們會在後面詳細介紹。

一般來說，我們可以把家裡的資金大致分成四份：保命的錢、救急的錢、安穩的錢和賺錢的錢。

保命的錢是用來做風險保障的。比如說，如果你因為意外受傷，或者突然生病，不僅沒法工作賺錢了，還需要花費大筆的醫療費。保障的方法就是買商業保險。業內有句話叫作「沒有保險的理財，就是一場裸奔」。好在現在大家這方面的意識都越來越強了。

救急的錢，是用來應付家庭緊急開銷的。比如說你所在的行業大裁員了，或者父母生病需要一筆醫療費。所以稍微穩妥一點，家裡要留半年的生活費，可以隨時應急用。

安穩的錢，主要用來買銀行理財這類定期產品。這個安穩，主要是以跑贏通貨膨脹為目標，也就是讓你的財富可以保值。

賺錢的錢，就是用來定期定額基金或者買股票，這筆錢是用來進攻，博取高收益的。也就是讓你的財富可以增值。

一般來說，安全的定期產品，會佔去你50%左右的資金。剩下的錢，有了保險和活期產品之後，再去考慮增值。

總結一下，如今市場上投資理財產品種類繁多，但基本上都可以分為這兩大類：債權類產品、股權類產品。

理財要循序漸進，隨著你對市場越來越瞭解，風險承受能力也越來越強，理財產品的配置比例可以跟著慢慢調整，你積累財富的速度也會越來越快。

2. 資產配置的黃金公式

　　當你準備好了緊急備用金，也存下了一部分閒錢準備投資，接下來的問題是，該怎麼調整現有的資產配比，拿出多少錢作為投資的原始資金呢？

　　這裡就進入了我們上一節所提到的「六年級課程」──資產配置。

　　資產配置這個概念聽起來很大，但其實也可以用一句簡單的話來解釋：不要把雞蛋放在同一個籃子裡。

　　如果用更專業的說法，就是經濟學家哈里‧馬克威茨所著的《資產選擇》一書裡講到的：多種資產的組合，能夠比單一資產更優。也就是說，透過選擇各種金融產品，每種購買不同的比例，來分散風險，博取高收益。

　　資產配置的目標，就是希望能夠平衡投資的風險，用最小的成本、最短的時間獲得最高的回報。這就是資產配置的根本目的。

　　指數型基金教父，也是領航投資的創始人約翰‧柏格曾說過一句話：「絕大多數人都很重視回報，但是只有少數人會管理風險。」而資產配置簡單來說，就是在獲得理想收益的同時，把風

險降到最低。

　　那怎麼做資產配置呢？接下來，我們就有必要一起來瞭解一下資產配置的黃金公式：標普四象限圖。

　　說到標普四象限圖，就不得不先介紹一下標準普爾公司了。標準普爾公司是世界三大金融評級機構之一。可能很多人都聽說過「標準普爾500指數」，簡稱「標普500指數」，也就是美國的股市大盤指數，包含了全美股市最有代表性的500檔股票，這個指數就是由標準普爾公司創建並維護的。

　　除了標普500指數，標準普爾公司還做了一項偉大的貢獻，就是創建了「標普家庭資產四象限圖」，簡稱「標普四象限圖」。標準普爾公司曾經研究了全球十萬個資產穩定增長的家庭，並分析總結出他們的家庭理財方式，從而得到了標普家庭資產四象限圖。這個四象限圖，也在全球範圍內被公認為最合理、最科學、最穩健的家庭資產配置方式。

　　標普四象限圖將家庭資產分為四個帳戶，分別為日常開銷帳戶、槓桿帳戶、投資收益帳戶和長期收益帳戶。這四個帳戶作用不同，資金的投資管道也各不相同。只有擁有這四個帳戶，並且按照固定合理的比例進行分配，才能保證家庭資產長期、持續、穩健的增長。

　　第一個帳戶是日常開銷帳戶。通俗地說，就是要花的錢。這個帳戶一般應該佔到家庭資產的10%，帳戶金額應該是家庭3～6個月的生活費。

　　日常開銷帳戶，一般就放在活期儲蓄中就可以，隨取隨用，用來保障家庭的短期開銷、日常生活等，平時我們吃喝玩樂、購

物娛樂、美容旅遊等都應該從這個帳戶中支出。

　　這個帳戶聽起來很簡單，但最容易出現的問題就是佔家庭總資產的比例過高。很多時候，也正是因為我們在日常開銷帳戶中放了太多錢讓自己花，導致沒錢放到其他帳戶，也就更不用說投資的本金了。所以，這裡又再次提到我們前面強調過的存款原則：一定要先存再花，而不是先花再存。

　　當你按照標普四象限的原則給自己的日常開銷帳戶設一個10%的比例上限，就可以很好地控制這個帳戶裡的金額，有效達到理智消費的目的。

　　第二個帳戶是槓桿帳戶。通俗地說，就是保命的錢。這個帳戶裡的資金一般應該佔到家庭總資產的20%，為的就是以小博大，專門解決突發的大額開支。

　　之所以叫槓桿，因為我們都知道槓桿就是起到以小博大的作用，而最典型的金融槓桿之一，就是保險。可能平時只需要每月交200元，當小機率的意外事件真的發生時，便可以換取幾十萬元的賠償金額。這個就是以小博大的概念：平時不佔用太多錢，等需要用時，又有大筆的錢。

　　槓桿帳戶裡的錢，一定要專款專用，保證在家庭成員出現意外事故、重大疾病時，有足夠的錢來保命。

　　第三個帳戶是投資收益帳戶。通俗地說，就是生錢的錢，一般應該佔家庭資產的30%。

　　我們前面說到投資要用閒錢，所謂的「閒錢」，就屬於這個帳戶。因為是閒錢，所以可以去做有風險的投資創造高回報，包括股票、基金、房產、企業、虛擬貨幣……任何投資都可以。

　　這個帳戶同樣也需要控制比例。有人覺得，反正除去日常開銷和保險，我還剩挺多錢，不如都拿去投資吧——要知道，市場是不斷變化的。如果因為第一年股票賺了錢，第二年就把整個家庭90%的錢都拿去投資買股票，風險可想而知。

　　第四個帳戶是長期收益帳戶。通俗地說，就是保本升值的錢，一般應該佔到家庭總資產的40%。

　　這個帳戶雖然也叫「收益」，但和第三個帳戶不同。投資帳戶的目標是獲得高收益，因此也可以承擔相應的風險，但這個帳戶的重點在於「保本」，一定要先保證本金不能有任何損失，並且抵禦通貨膨脹的侵蝕。所以追求的收益不一定高，但一定是長期穩定的。這個帳戶裡的錢多半是短期內暫時不會用到，但長期來講是有用的，例如家庭成員的養老金、子女的教育金、留給子女的錢等。

　　因為這個帳戶的錢都是長期要用到，所以每個月或每一年都要有固定的錢進入這個帳戶，才能積少成多；並且要和企業資產、貸款等隔離開，不能把這個帳戶的錢用於抵債。我們常聽到很多人年輕時如何如何風光，老了卻身無分文窮困潦倒，就是因為沒有這個帳戶，沒有做好長期的規劃。

　　在家庭資產的配置中，最關鍵的點就是平衡。現在你可以審視一下自己的資產情況，如果一味地想著要靠投資獲得收益、賺夠生活費，把錢都投入股市或者房產，但忽略了準備保命的錢或者養老的錢，哪怕你賺得再多，你的資產配置都是不平衡、不科學的，也就是說你不具備抗風險的能力。

　　過去的15年中，房價的大幅上漲使得很多人形成了一個印

象，就是房價只漲不跌，但是理性地想一想就知道，這個世界上不存在只漲不跌的東西，不管是股市、房市還是人生都是如此，物極必反。鄰國日本就是一個很好的參考。20世紀日本經濟衰退的20年，很多城市的房價都跌了80%以上。那些高位買了房子的人，特別是大量使用銀行貸款的炒房客，不但讓房子成了他們的負資產，還倒欠銀行一大筆錢。想像一下，如果本地的房價也出現這麼一次大跌呢？

　　積累原始資金的第一步，就是需要將佔比過高的資產比例降低，騰出來的資金，配置到其他更重要的資產上去，按照科學的配比進行分配，始終要記得那句話：一定要把雞蛋放在不同的籃子裡。

3. 常見的金融產品有哪些

　　金融市場非常大，針對不同的風險偏好、不同的財富管理的目標，有很多不同的金融產品可以選擇。但說到底，整個金融市場只有兩棵大樹，一棵大樹叫「債權」，一棵大樹叫「股權」。為什麼一定要提這兩棵大樹呢？因為，金融市場上的產品無論多麼複雜，一定都是這兩棵大樹上的枝和葉，它的根部都是「債」或「股」。

　　我們可以透過一個非常通俗易懂的真實故事，來瞭解股權和債權的區別，從而進一步瞭解兩個非常重要的金融產品：股票和債券。

　　我曾經在北京開了一家酒吧，假如酒吧運營情況很好，我準備再開一家分店。選好位置後，我算了一下開店的資金，店鋪租金、裝修、人員以及進貨等成本加起來，總的啟動資金需要200萬元。但我自己只有100萬元的存款，對於還差的這100萬元，我準備找身邊的朋友們籌集資金。現在，我可以選擇以下兩種方法：

　　第一，找朋友借100萬元。

　　有個朋友願意借我100萬元，但是這麼大一筆錢，我也不能

白拿人家的。於是我提出借款的條件是承諾每年10%的利息,年限是先借3年,到期後視具體情況決定是否續借。

此時我向朋友借的100萬元就是債,我們之間打完借條,就存在了債務關係,我朋友是我的債權人。等約定時間3年到了,我必須按照借條的內容,還本還息,否則我朋友可以去法院起訴我。這就是「債權投資」。

第二,找朋友投資我100萬元。

也許有朋友會覺得我之前的酒吧經營狀況很好,特別可靠,非常看好我,於是我就說服朋友直接投入100萬元,佔我的新酒吧30%的股份,也就是佔這個酒吧30%的股權。如果酒吧賺了錢,我會拿出利潤的30%分給他。但如果生意慘澹,酒吧不幸賠錢關門,我朋友的這100萬元就打了水漂。

此時我朋友給我的100萬元,就是我朋友投資的本金。我們會簽一份股東權益合約,規定可能存在的收益和風險,我和這個朋友之間就有了股權關係,他實際上做了一個「股權投資」。

這麼一看是不是就清楚多了?

債權關係,說白了就是借錢。我朋友借給我錢,不管我是富了窮了、賺了賠了,都和我朋友沒關係,到期我就要還給他這麼多錢,如果不還就是違約,需要承擔法律責任,朋友可以起訴請求追索。

股權關係,說白了就是入股。我朋友投資我,我盈利,他就盈利;我虧損,他就虧損。我沒有承諾一定會給多少錢,也沒有義務償還他,只是根據我的經營狀況,決定是否給我朋友分紅。股權是沒有追索權的,入股意味著你主動自願,與這個公司有福

同享，有難同當。

因此，債權類產品風險低、收益也低，而股權類產品，收益高、風險也高。

根據債權和股權這兩個底層架構，金融市場演變出了無數的產品。

債權類產品中，最常見的就是債券了。

在上面的例子中，借貸關係很簡單，就是我朋友把錢借給我。但實際情況中，不只是個人需要用到錢，公司經營甚至國家發展，都需要用到錢。如果一間大公司需要很多錢用於自身發展，它就可以面向社會大眾借錢，把需要的借款拆分成很多份，同時找幾百幾千甚至幾萬人借錢，每個人都擁有一份和這個公司之間的借款合同，這就是企業發行的債券。

同樣，有的銀行需要資金周轉，也可以用這種方式找人們借錢，也就是銀行債券。政府、國家也一樣，可以發行地方政府債、國債。這些都屬於不同類型的債券。

股權類產品中，最常見的就是基金和股票了。

上面的案例中，我朋友是我酒吧的股東，這只是一個非常小的商業項目。假設我有一個30億元的項目，很難有人一下子拿出30億元，那麼我就要找到300個朋友投資我。這時候，300個朋友都需要同時跟我簽入股合約，那每一份合約其實就有點像一手股票。有的朋友比較有錢，可能一個人就能借我1000萬元，這個朋友可能一次性就簽了好幾份合約，擁有更多的股票。當然，在真正的股票市場中，上市公司的股票都是分成幾億份的。

股票因為不像債券一樣存在到期還款的義務，風險會比較

高，但也伴隨著更高的收益。

　　華頓商學院的金融學教授傑米‧塞吉爾（Jermy Seigel），對美國自 1802 年到 2016 年的每一種資產的長期表現進行了研究，最終得出的結論是，在所有大類資產中，黃金的長期收益率僅高於現金，接近於 0，而表現最好的大類資產，是股票。

　　在這個研究中，我們可以透過這 200 多年不同資產的變化情況，得出不同投資的回報率。假設有人在 1802 年，投資了 1 美元到美國的股市，在 214 年後的 2016 年，這 1 美元產生的收益是 113.6 萬倍，也就是 1 美元變成了 113.6 萬美元！

　　我們再來看一下可以作為對比的債券。假設這 1 美元被用來投資了長期債券，收益將會是 1649 倍；如果投資短期債券，收益會是 268 倍。和股市的增長相比，債券雖然也有所增長，但差距相當明顯。

　　如果這 1 美元被投資於黃金，收益將會是 2.97 倍──基本沒啥變化。但是 200 年後的 1 美元，和 200 年前相比，不用我說你也應該知道貨幣貶值的情況了。這還不是最差的。如果一直持有著 1 美元的現金，什麼投資都不做，那麼 200 年後，你的資產將不足原來的 1/20。再算上通貨膨脹，其實你虧得更多。

　　從美國 200 多年發展的歷史看，這個結論完全沒有任何問題，也很容易理解，因為股票背後的公司，直接代表了人類所有的野心和欲望，也代表著人類技術的飛速進步。所以，這就是優質股票的價值所在。

　　如果擔心股票風險太大，想獲得穩健收益、分散投資風險，我們也可以選擇基金。

　　所謂基金，就是每個人都出一點錢，把錢放在一起，由一個人統一管理這筆錢，這個人我們稱之為基金經理。

　　我國市場可以參與的基金主要有兩大類，一類叫作共同基金；另外一類叫私募基金，在美國也叫對沖基金。公募基金歷史非常悠久，最早的主動型公募基金在19世紀的美國就被發明了。這兩種基金的區別只是在於募集資金方式不同，但是背後的投資邏輯都是一樣，就是專業化的團隊管理和使用眾人的資金，進行分散化投資。

　　要選到一個好公司的股票需要不少專業知識，例如經濟學、會計、財務、數學統計、行為金融學等，最好還需要對多個特定的行業有相當深入的瞭解。相比之下，基金投資就簡單多了。以上各種專業知識，都讓基金公司的基金經理和研究員去學好了，畢竟專業的人幹專業的事。我們作為普通投資者，需要做的事情只有兩個：選人和擇時，或者乾脆買指數型基金就好。關於基金的內容，我會在第九章詳細展開。

　　除此之外，公募基金這個大眾化的管道，還可以用來做資產配置：國內的配置可以覆蓋貨幣市場、各種股票、各類債券，未來還會有REITs這類可以投資高端物業的基金；全球的配置則可以透過QDII基金，投資歐美亞太等多國市場的股票、債券、房地產，甚至還有大宗商品、黃金油氣等。

　　股票還有一種衍生產品，它的收益甚至比股票更高，同時風險也更大，比較適合想暴富的人，那就是——期權。你可能聽過的「做多」和「做空」，就是在期貨交易裡才會出現的名詞。期權就是期貨的一種。

期貨英文名為「Futures」,意思是「未來」。顧名思義,它是一種關於未來的交易,是相對於現貨而言的。在傳統交易中,我們一手交錢,一手交貨,這叫作現貨交易。而期貨則是現在簽訂交易合約,但是約定好在將來進行交易。

有意思的是,期貨既不是經濟學家發明的,也不是金融大鱷首創的,而是由19世紀中期的美國糧食商人發明的。

19世紀40年代,美國開始進行大規模的中西部開發,大量生產糧食,然後經由美國中部城市芝加哥運往東部,芝加哥由於地理位置優勢,成了連接東西部的重要樞紐和糧食集散地。

因為糧食的生產有季節性,受到天氣影響,收穫也有不確定性,所以每到豐收的季節,市場上流通的糧食便大大超過了芝加哥當地的需求,市場上糧食供大於求,導致價格一跌再跌。但是,如果遇到收成不那麼好的時候,糧食又開始短缺,供不應求,價格飛漲。於是,糧食商人們決定行動起來,計畫在豐收季節從農場主手中低價大批收購糧食,修建倉庫囤積起來,等到糧食短缺的時候再高價賣出賺取差價。

因此,他們決定在下一季的收成前,先用現在的價格,和農場主商量好,把未來即將收穫的這批米買下來。米商和農場主事先確定好價格、預訂好數量,並簽下了一張「買下未來糧食」的契約,而這就是期貨的前身。

有了這個合同,無論來年糧食價格暴漲還是暴跌,他們的交割依然按照合同約定的價格進行。但是交易雙方都承擔了很大的風險,因為沒人能預測第二年的收成。如果來年大豐收,市場上糧食供大於求,價格下跌到低於合約價格,糧食商人就虧了,農

場主就賺了；反之，如果來年糧食短缺，賺的就是糧食商人，他們可以按照合約上的價格買入，然後高價賣出。

這種合約是關於未來的遠期合約，如果一方簽訂合約後損失非常大的話，他可能寧願賠付違約金，也不願意進行交易。這也就導致了這種遠期合約的流動性非常差，並且違約風險比較高，於是標準化合約誕生了。

1865年芝加哥穀物交易所推出的一種「期貨合約」的標準化協議取代了原來的遠期合約。這種標準化合約，就是期貨合約。

買賣雙方都只能在正規的交易所內進行交易，並且為了規避違約風險，還制定了一個保證金制度。

理解起來也很簡單，就是你先交一些保證金，確保你有足夠的資金來履行合約，一般是合約價格的5% ～ 10%。

比如糧食商人和農場主合約的價格是100萬元，但在期貨市場中，一方只需要交5萬元的保證金，就可以購買一份100萬元的期貨合約。也就是說，你只用5萬元錢，就做了100萬元的生意，這就是槓桿。

在炒股中，如果你虧了，最壞的結果就是虧完本金離場。比如你買了1萬元的股票，最差的情況，你這1萬元沒了，生活還可以繼續。

但是在期貨裡，完全是另一套玩法，這種制度稱為當日無負債結算制度，意思就是當天交易的你必須把當天的負債給結清了，不拖不欠。

以剛才的例子來說，假設你繳納了5萬元的保證金，按照

100萬元的價格購買了一批糧食。到了交易日當天，糧食需求量激增，價格大漲，你手裡持有的這批糧食的市場價從100萬元漲到了150萬元，這個時候你轉手一賣就淨賺50萬元。

但是，如果不幸糧食大豐收，你這批糧食在市場上的價格從100萬元下跌到50萬元，這個時候你的虧損也是50萬元，而你的保證金帳戶只有5萬元，你還需要補交45萬元。如果你不交，交易所會直接給你強制平倉，而你的帳戶餘額就是負的45萬元。

所以你說，期貨風險大不大？槓桿可以放大收益，同樣也可以放大風險。有時候只跌了幾個點，你的本金就瞬間全沒了，還欠了一屁股債。

有很多期貨交易高手，也正是利用衍生品市場的高槓桿和做空機制，在金融市場賺了很多錢，成就了財富傳奇，例如從600萬元做到20億元的期貨大咖林廣茂，他在2010年的棉花大牛市[2]中，投入了600萬元做多棉花期貨，資金翻了220倍至13億元。到了2011年，反手做空棉花期貨，費時九個半月，賺了7億元，一戰成名。

衍生品收益雖然高，但是風險也遠大於股票和基金，哪怕是曾經輝煌的高手，也可能一下子巨虧，例如號稱「中國索羅斯」的葛衛東，在2015年的股災中，因為做錯了方向，一天之內損失超過90億元，整個市場為之震動。所以對於衍生品交易，非專業人士不可為，對於剛接觸理財投資的新手來說，瞭解即可，切勿盲目操作。

---

[2] 長期呈現上漲趨勢的市場。

4. 股票與你的生活息息相關

　　前面講完了幾種常見的金融產品，可能大家都覺得期貨、股票什麼的，風險好高啊，還是趕緊避而遠之吧。

　　實際上呢，股票與我們的生活息息相關，比如我們平時用的蘋果電腦、小米手機，女生愛買的 LV 包包，男生喜歡的特斯拉汽車……這些產品的背後，都是上市公司。你在進行這些消費的同時，其實也為他們的股票貢獻出了自己的一份力量。

　　我們之所以會覺得股票風險很大，是因為股票的發明，就是把收益和風險關聯了起來。

　　股票最早誕生在 17 世紀的荷蘭。當時，荷蘭是世界上最有錢的國家，荷蘭人的特長就是開著船到世界各地去做生意。那時候出海做生意雖然可能賺大錢，但是風險也很大，因為條件較差、天氣惡劣，水手們很容易死在海上或者異國他鄉。

　　這些出海做生意的公司，需要大量的錢用來造船，還要花錢招募船員；同時，又有很多人眼紅出海賺錢的機會，但是又不想冒那麼大的風險。那怎麼匹配雙方的需求呢？聰明的荷蘭人就發明了股票。

　　當時的股票是一張紙質的憑證，代表著公司的部分所有權。

如果公司出海賺到錢了，就分紅給投資人。如果船毀人亡了，投資人的錢也就跟著一起打水漂。這就是股票最早的起源。

股票市場發展到現在，當然是比幾百年前要成熟多了，但是它的本質仍然沒有變。購買一家公司的股票，就是在分享這家公司盈利帶來的收益，同時也共同承擔著這家公司經營的風險。簡單來說，正是因為經營一家企業的風險太大，人類才想辦法發明了股票。所以股票的風險，怎麼能不大呢？

說到這裡，大家可以猜一下，中國的股民裡面，長期能賺錢的人有多大比例？別看有很多人天天在講股票，實際上，長期能從股市裡賺到錢的人還不到10%！股民有句俗話，叫作「七虧二平一賺」，也就是70%的人，在股票上都是虧錢的；20%的人能勉強保住本金；只有10%的人，能賺到一些錢。

風險永遠是和收益成正比的，股票的風險特別大，反過來也可以推論，股票的收益也比較高。只不過這個收益，大多都被專業的基金經理或者投資人給賺走了。至於剛開始炒股的新人，他們有一個特定的稱呼，叫作「韭菜」。因為幾乎所有的新人，都會犯很多錯誤。新手常犯的第一個錯誤，就是喜歡追漲殺跌：看到股票在漲了，就去追；看到股價跌了，又搶著賣。

然而，真實的股市是，當你作為一個新手都知道一檔股票價格要漲時，可以預料到，這個股票已經漲到頭了。你這個時候進去，基本就是在「接盤」。

而當一檔股票已經很慘時，可能已經跌到底，所謂物極必反、觸底反彈，你這個時候賣掉，可能是很不划算的。

歸根結柢就是一句話，股票的短期價格，沒人可以預測。跟著股價漲跌來買股票，本質上不是投資，而是一種投機行為，和

賭場裡面賭大小沒太大區別。而事實就是，股市裡，有些人是在投機。

要知道，時間能夠衡量價值，股票的價格最終會回歸到這個公司的價值，因此投資者應該尋找性價比高的、有價值的公司，而不是天天盯著股價的短線波動。一家優秀的上市公司，即便股價短期小幅波動，長期來說也是向上走的，因為價值增長決定價格長期向上。

新手最常犯的另一個錯誤就是喜歡「ALL IN」。很多人花時間認真研究了一檔股票，但等他研究得差不多了，就把所有錢都押到少數幾檔股票上去。這麼做的人，表面上是對自己的判斷很自信，背後更多還是懶惰和貪婪，以為這樣既輕鬆，又能賺到最多的錢。你滿倉殺入，賺的時候是很爽，可萬一跌了呢？

所以新人投資股票，還需要知道一個詞，叫作「倉位管理」。

所謂的倉位，就是你有多少可以用來投資的錢。如果把你的錢全部都投進去了，叫作「滿倉」，倉位100%。如果一分錢不投，全都放著等待機會，這叫作「空倉」，倉位為0。如果投入一半進入股市，剩下一半握在手裡，叫作「半倉」，倉位為50%。

倉位管理的目的就是要降低投資的風險，爭取更大的收益。剛開始投資的時候，可以先用小資金或者「小倉位」來試水。先投資一點錢來找找感覺。雖然賺的錢不會很多，但是虧錢也不會虧很多。

接下來，你還可以分批次買入，不要一次把「子彈」全都打光。比如你非常看好一家公司的股票，買入之後發現它的價格又

跌了不少，那你就還有資金可以進去撿便宜。但假如你一開始就把所有的錢都投了進去，那麼當市場下跌的時候，你就沒有資本繼續加碼來平攤投資的成本了。

這些倉位管理的方式，說起來容易，做起來難，需要不斷地學習和鍛鍊才能掌握。

投資股票，一般來說有兩種最具代表性的方法。第一種就是所謂的「技術分析」，一般都是做短線操作。

這種方法，其實就是關注一些股票市場的技術指標，比如K線、成交量等，透過這些指標的變動，來尋找短期內賺錢的機會。這種投資方式，如果玩得好，是有機會在波動的市場中賺到錢的。

但缺點就是需要天天盯著股市，畢竟股價每分每秒都在變化，而且風險也比較大。

第二種投資策略叫「價值投資」，一般都是三五年以上的長線投資。比如巴菲特就是典型的價值投資代表者。

價值投資總結起來就是八個字：好股、好價、長期持有。

價值投資者認為，影響股票短期價格的因素非常複雜，所以我們無法預測短期的漲跌。但是企業的真實價值，是一個比較確定的東西。投資者如果具備一定的商業分析能力，能夠看懂財務資料，就可以挖掘到那些優秀的但是股價被低估的企業，並且在低價時買入，這樣持有很長時間之後，就肯定能賺錢。

總之，無論是長線還是短線，股票這種投資品，都有不小的門檻。不同性格、不同教育背景的人，適合的投資方法也完全不同。想投資股票，要做的功課不能少。

5. 賺錢的公司，就在身邊

　　平時我們都會花錢買產品，當消費者；但其實，同樣是花錢，我們完全有機會讓自己的錢花得更有價值，比如花錢買股票，做股東。喜歡的品牌、產品，我們不僅要會消費，還要會投資。

　　挑選股票不是一件容易的事，對於初學者來說，可以先從自己比別人更擅長且感興趣的領域去瞭解，然後深入挖掘。這也是我自己在買股票的時候所奉行的第一原則，就是一定要選擇自己能看懂的公司。

　　什麼叫能看懂？

　　簡單說，就是你知道這家公司是幹什麼的，是怎麼賺錢的。當你對它未來的發展有個大致的瞭解後，再去判斷這家公司是否值得買入。

　　選擇了喜歡並認可的公司，做完一定的研究並自己做出了決定，即使最後投資失敗了，你也能夠以此為學習機會，進一步分析失敗的原因以及自己在選擇和做決定時忽視的因素，從而在下一次做投資決策的時候進行改進。

　　但是，如果是自己不怎麼感興趣或者不太瞭解的領域，最好

不要盲目投資。我們常聽到有人說：「我不太懂，聽別人推薦了所以就買了。」這種投資方式是最要不得的一種。萬一最後希望落空，你只能夠把錯誤歸結到別人身上，而無法從中總結出自己的原因。這種學不到任何東西的投資，不過是一種帶有僥倖心理的賭博投機行為罷了。

我自己買股票，科技類、消費類的公司買得多，前者是因為我自己曾在這個領域創業、工作，後者是因為我自己就是消費者，相比其他行業，這兩個行業的公司我會相對更容易看得懂。尤其在我自己做了自媒體之後，對這兩個領域的公司就更熟悉了，它們的生態鏈、盈利模式，我都很清楚。可如果你問我，醫藥領域有什麼好公司？我是真不懂，也很少買。

但是，我有個好朋友就特別瞭解醫藥行業，因為她大學學的專業是生物化學，畢業後也一直在醫藥公司工作，對這個領域優秀的公司就很清楚，並且也透過購買某幾家公司的股票，賺到了很多錢。

再比如，你是一個特別喜歡美妝的女生，美妝品牌瞭解得比別人多，也更清楚各種新產品的資訊。如果你某天用到了一個自己覺得特別好用的產品，那麼完全可以調查瞭解一下這個產品背後的公司，前景如何，有什麼樣的獨特優勢，市場佔有率怎麼樣。如果它恰好是一家上市公司，你是不是也可以順便考慮投資一下這家公司的股票？

你要想，投資花的是你自己的血汗錢，買了股票，你可就當上股東了！雖然只是一個很不起眼的小股東，但這個公司的發展，也會跟你息息相關了。

　　像股神巴菲特，他每投資一家公司，都會研究很長時間，研讀財報、瞭解公司盈利狀況，最後再做決定。然而，一份上市公司的年報大都是好幾百頁，作為投資新手，我們肯定做不到股神那麼專業，怎麼辦呢？有一個可靠的方法，就是從我們熟悉的產品入手去選擇股票投資。

　　有一個很經典的真實案例，就是彼得‧林區和他老婆的絲襪的故事。

　　著名的投資家彼得‧林區曾經投資了一家絲襪公司，原因是他老婆經常逛超市，發現這個絲襪品牌特別暢銷，他老婆和身邊的閨蜜們都會買來穿，覺得物美價廉、性價比非常高。彼得‧林區因此發現了商機，決定投資這家公司的股票。後來這檔股票果然大漲，彼得‧林區也從中大賺了一筆。

　　當然，他肯定不是只靠老婆兩句話就決定投資，比如他要求手下每個研究員都去買一堆絲襪來試穿，穿完了每人要寫一份詳盡的研究報告，更不用說研究該公司的財務情況了。

　　雖然我們不會讀報告，做研究，但我們能從這個案例裡總結出來，股票投資，其實就是要懂生活，懂常識，會研究。

　　生活中也有這樣的案例。

　　我有個很會投資的朋友，也算是我理財路上的一個啟蒙導師吧。他是星巴克的狂熱粉絲，很早之前就買了星巴克的股票，透過股票賺了很多錢。同樣是去星巴克買咖啡，我就真的只是買咖啡，而他除了買咖啡，還順帶視察了一下投資的企業。

　　又比如前段時間，一家誕生僅4年的國內美妝創業公司成功在美國上市，大部分女生都在跟風買口紅的時候，我買的是這家

公司的股票。作為股東，當我以新身分去買口紅時，那種心情也是有所不同的。

我們的日常生活、衣食住行中，無時無刻不在接觸一些優秀公司的產品服務，它們中的很多公司其實都是非常優秀的、值得投資的上市企業。中國的Ａ股，以金融類機構和白酒企業為主力，例如大家都離不開的四大銀行，家喻戶曉的茅台、五糧液，還有人們熟悉的美的、格力……港股，以新興科技和互聯網企業為主力，例如我們天天離不開的微信、美團，讓很多年輕人「一入盲盒深似海」的泡泡瑪特，從老人到小孩人人都刷不停的抖音、快手……美股，也有不少我們熟悉的企業，例如很多人開玩笑為之賣腎的蘋果，越來越多人開出街的特斯拉，海淘和買書都很方便的亞馬遜……還有女生們最愛的奢侈品牌，它們的母公司也都是上市企業。

所以，當消費者，不如先當投資者，然後再用投資這個股票賺到的錢，去消費這家公司的產品，這才是雙贏，而這也是《富爸爸窮爸爸》這本書裡提到的富人的消費方式。

窮人的現金流，是從收入到負債再到支出，或者直接從收入到支出。而富人的現金流，是從收入到資產，再到支出。富人如果想提升自己的生活品質，他一定會先增加資產，再用資產賺來的錢去消費，這也意味著一種延遲滿足。學會富人看待金錢的方法，先在認知上成為富人，才能在行動上跟上。

消費和投資，本來就不衝突。對於熟悉的、瞭解的、感興趣的公司，我們不只是可以消費，也完全可以成為小股東，開啟賺錢之路。

6. 買保險也算理財嗎？

前面講了各種賺錢的方法，但只要你開始投資，尤其是買了基金和股票之後，你就會發現，風險伴隨收益存在，你的投資隨時可能出現波動。

不過，金融市場的風險，最多也就是讓我們虧一點錢。而我們人生中卻有一些風險，對我們來說可能是致命的。

比如在我們這漫長的一生中，總會有發生疾病和意外的風險。一旦出現這些問題，我們可能連收入都沒了，就更別說理財了。本來是意氣風發的年輕人，有時候生一場大病，就會使得人生和家庭遭遇重創，基本等於過去的工作都白幹了。我們每個人，其實無時無刻不暴露在這樣的風險之中。

所以人類又發明了一種產品，叫作保險。保險雖然不能讓你不生病或者不出意外，但卻可以幫你把出問題之後的財務壓力轉嫁出去。

保險到底保的是什麼？

保險和其他金融產品不一樣，它不屬於債權也不屬於股權，而是一種以小博大的金融槓桿，主要是用來對沖你自己可能遭遇的風險。比如說，如果遇到人身意外，那麼保險公司可以給你賠

償；再比如說，如果生病，保險公司也可以賠你一筆錢。所以保險的本質，就是我們平時出一點小錢，如果不幸、意外和疾病真的發生了，那時候再把財務風險轉移給保險公司。

要注意的是，保險並不是報銷醫藥費那麼簡單，而是減輕你的財務壓力。

因為一旦生病或發生意外，你損失的絕不僅僅是那一點醫藥費。你可能會喪失勞動能力，失去收入來源。如果一個家庭突然增加了很多開支，又失去了收入來源，財務壓力是巨大的，整個家庭也非常危險。

可能有人會問，我不是已經有健保了嗎？我還需要去買商業保險嗎？

商業保險之所以會越來越流行，就是因為健保的局限是很明顯的。

關於健保和商業保險，有一個很經典的比喻。健保就像是社區保安，商業保險才是自己家的防盜門。社區保安雖然也是一道防線，但只能解決很小的問題。要想安心生活，肯定要在自家裝一道防盜門。

如果你曾經看過病，應該有所體會。健保有起賠限制，而且對藥品、對醫院都有嚴格要求，比如進口藥、自費藥不能報銷，可以報銷的部分，比例也有限制。如果遇到重大疾病，那健保就更加不夠用了。而且如果重大疾病一來，你可能得在床上躺個一年半載的，這段時間你可能連收入都沒有。

商業保險一方面能夠補貼你的醫療費用，另一方面，還可以補貼你生病期間的工作收入損失，讓整個家庭不至於一下子陷入

貧困狀態。

　　其實這些年，大家生活品質提高了，對醫療保障和財務安全的要求也更高了，年輕人的保險意識越來越強，相信大部分人網路上都能找到幾個賣保險的。很多人不是不重視保險，而是不知道如何下手，也害怕被人糊弄。

　　其實買保險不難，只需要遵循以下三個原則：

　　第一個原則，只需要購買保障型保險，沒必要購買投資理財型的保險。

　　因為我經常聽到一些粉絲回饋，說保險業務老是給他們推銷理財型的保險，收益如何如何吸引人。其實，真想要獲得收益，前面我們已經講過很多金融產品和投資方法了，哪個不比保險可靠？

　　而保險就應該是保險，它本身最重要的功能還是保障，衝著理財去買保險，就有些本末倒置了。所謂的理財型保險，更多是糊弄不會理財的老年人的。

　　第二個買保險的基本原則是，盡量購買單一功能的險種。

　　很多保險公司喜歡做一些大而全的產品，推銷起來比較方便，好賣給那些完全不懂保險的老百姓。但是很多這樣的產品，定價高就不說了，在核心風險點上的保障往往也是不到位的。

　　說到底，保險是一個非常個性化的產品，每個人、每個家庭要保障的對象和重點防範的風險都不一樣。只有單一功能的保險產品，才能把你的核心風險點保障到位。

　　可能有人會問，那到底該買什麼保險才能保障到位？

　　這裡就來到了第三個原則，我們需要配置的核心保險無非四

種：醫療險、意外險、重大疾病險和壽險。

醫療險，就是報銷醫藥費的。一般情況下，很多人優先選擇的都是健康類別的醫療險。前面說了，醫保的報銷額度和範圍實在太有限了，如果想稍微提高一下醫療水準，就可以去買醫療險。醫療險一般是一年買一次的，價格也就幾百元，算是最基礎的一款保險。

意外險是指出意外的時候，保險公司一次性賠付。這種保險價格便宜，賠付金額很高，可以有幾十萬元。也是性價比最高的一種保險，很多人第一次買保險，一半都是買意外險。

重大疾病險雖然也是和疾病相關，但是和醫療險不同，保的是大病，普通的小感冒、小手術不算在裡面。生大病的時候，保險公司也會一次性賠付一筆錢，可以用來繳醫藥費，也可以補貼收入的損失。

壽險就是當人身故或者全殘的時候，保險公司負責賠償的一種保險。有這種保險，不管你是意外還是疾病，保險公司一律得賠。一般來說，一個家庭裡收入最高的人都會配一個。否則萬一這個家庭收入支柱出問題，整個家庭的財務就徹底完了。

所以別看保險那麼多，大家只要關心這四類保險就行了。資金有限的時候，意外險和重大疾病險是一定要配的，然後根據自己收入的提高，再逐漸購買醫療險和壽險就行了。這樣買保險，不僅僅保障範圍清清楚楚，你整體的購買成本也會小很多。

我自己現在四類保險都配齊了，但並不是一次到位的，因為隨著我們和家人年齡的增長，不同階段的需求也不同，也會有更多更新的選擇可以再配置。

　　有一句俗話叫作「沒有保險的理財，都是一場裸奔」。「窮人買彩券，富人買保險」這句耳熟能詳的話也一語道出了窮人和富人之間的財商差別。窮人太想改變命運了，總想著「萬一」而不想「一萬」，熱衷於一夜暴富式的賭博，而富人卻透過保險保障把極端不確定性的風險規避，然後再去積極投資和開創事業。

7. 賺錢很重要，但先要學會不虧錢

大家都喜歡賺錢，沒人喜歡虧錢。因此，我們目之所及，能看到的內容大多是教你怎麼賺錢，而鮮少是討論風險的。大部分的理財產品，都只會告訴你投資報酬率是多少，卻很少強調風險是多少。我們知道怎麼計算投資報酬率，卻很少看到「風險率」要怎麼計算。

實際上，決定一個人投資成果的不光是收益，更多是看他如何管理和控制風險。

無論是投資股票基金，還是外匯房產，投資之前，我們都必須要學會衡量風險，否則一次預期以外的風險，就可能讓人深陷谷底，無法翻身。

不過，評估風險的確不是一件容易事。它和計算預期收益不太一樣，不是幾個加減乘除就能算出來的，準確度也沒有預期收益那麼高。那我們是不是要學習諸如「風險量化模型」之類複雜精細的方法？那倒是大可不必。

相比複雜的金融模型，新手更需要的，是在投資前先培養管控風險的觀念，永遠要為最壞情況做打算。

因為在投資中，風險並不是最可怕的，更可怕的是面對風險

卻不自知以及盲目自信，自以為能承受住風險。所以，我們首先需要知道自己的風險承受能力如何，其次就是要做好最壞的打算。一般來說，投資中可能發生的最差情況就是，本金全賠光了。

在做任何投資之前，先問自己幾個問題：用來投資的這筆錢如果全賠光了，我能承受得了嗎？會影響我的正常生活或降低我現在的生活品質嗎？我的工作會因此受到影響嗎？我長期的財務計畫會因此被打亂嗎？⋯⋯

這些問題，都是基於最壞的情況做出的假設，如果你覺得這些結果你都能承受，已經做好了心理準備，才能夠放心進入投資市場，面對任何可能發生的結果。

很多人雖然知道要為最壞的情況做打算，但有時候面臨火熱的投資市場，只想著賺錢，一不小心就容易鬼迷心竅，把理性的思考全都拋諸腦後。

俗話說：「留得青山在，不怕沒柴燒。」這句話特別適合用在投資市場裡。「投資一定要用閒錢」，這句話說多少次也不嫌多。

另一個很重要的風險觀念，就是要學會停損。

想像你現在正在車站等公車去上班，你每天都乘坐的這班車，今天晚了20分鐘還沒來，你上班已經快遲到了。附近沒有公車時間表，也沒有手機APP可以查公車目前的位置，你是會繼續等下去，還是會攔一輛計程車？

可能有人會覺得，我都多等了20分鐘了，如果現在放棄，改搭計程車，豈不是多花了時間又多花了搭車的錢，多不划算

啊？還是繼續等下去吧。

　　結果，又等了20分鐘，公車還是沒來。

　　同樣的情況，在別的生活場景中也會發生。比如我有個朋友入職了一家公司，工作快滿三個月，即將轉正職，但心裡總是隱約覺得自己不是特別適合這份工作，猶豫要不要繼續幹下去。但又轉念一想，都已經堅持了三個月，馬上就要轉正職了，現在放棄豈不是太可惜了！於是她選擇繼續做這份其實並不適合她的工作，一做就是兩年。

　　我還有個女性朋友，和大學時的男朋友談了7年戀愛，步入婚姻的前夕，發現男友出軌了。她非常痛苦，既不能接受男友背叛自己的現實，又捨不得自己曾付出的7年時光，這差不多是一個女生全部的青春了。「家人朋友都知道我們快結婚了，這時候分手，怎麼交代？一起養的貓歸誰？分手之後還能找到合適的男友嗎？……」就這樣糾結了大半年，在這段早該結束的感情上白白又消耗了大量時間。

　　這些現象其實都可以用一個詞來解釋，就是——沉沒成本。

　　什麼是沉沒成本呢？簡單說，沉沒成本就是那些已經發生且無法收回的支出，如已經付出的金錢、時間、精力等。比如你等公車那20分鐘，做一份不喜歡的工作的三個月，還有因為情感錯付而耽誤的青春時光，對於一個人來說都是沉沒成本。

　　沉沒成本有著巨大的神秘磁場，讓身在其中的人難以全身而退。心理學家發現，人們對於損失的痛苦要大於獲得的快樂，人類天生就對損失這件事更加敏感。為了避免損失，一定要堅持到底。而堅持到底，就會被坑到底，痛苦到底，結果反而損失了更

多。

在投資上，沉沒成本也會不知不覺地把我們拖入深淵。

有心理學家就在研究中發現，面對一個長達數年的負回報投資，人們竟然會花更大的精力為破產的公司辯解，尤其當這項投資是來自他們自己的決定的時候。這就是人們自我辯解的心理動機，當自己所做的決定與他們所預期的結果不相符的時候，人們就會開始為自我辯解，並且否認已經發生的負面結果，在錯誤的決定中越陷越深，寄希望於未來。

簡單來說就是，虧得越慘，越不願意接受事實，越要追加投資。

比如買了某檔股票，雖然此時股票已經開始走低，產生了虧損，但你想的是，既然已經堅持這麼久了，再堅持下去也許還會漲回來，結果越虧越多，最後再想收手已經來不及了。

一方面，因為我們不想讓自己付出的金錢、時間白白浪費；另一方面，我們也在試圖證明自己的選擇是正確而明智的，所以經常會陷入盲目的堅持中。

想擺脫沉沒成本的影響，我們需要有及時停損的思維。

停損，俗稱「割肉」，是指為了避免更大的損失而採用的一種保護行為。

停損的重要性在於，任何投資產品都不可能只漲不跌。和我們的生活一樣，起起落落才是人生。就算現在某檔股票處於上漲的高點，但哪能一直向上呢？總有一天會跌下來。如果這是一支優秀企業的好股票，那跌幾天可能又漲回去了；但如果不幸買到了一個不好的公司的股票，你很難預測它最後會跌到多少，搞不

好最後被迫下市，從市場上消失。

就像我們開頭提到的等公車的難題，如果可以拿出手機APP，立刻查到公車的即時位置和到站時間，那就很容易做出決定是繼續等還是放棄。但我們之所以會糾結，就是因為不知道公車到底什麼時候來，還會不會來，這是一個完全未知的結果。因此，最好的辦法就是給自己設一個停損線，可以根據上班時間來計算，能夠繼續等待、繼續損失的時間有多少。超過這個時間，就應該及時停損，改用別的交通方式。

換成投資來說也一樣。雖然我們都是抱著賺錢的憧憬進入投資市場，但卻完全沒有想過虧錢後該怎麼辦，因此幾次下跌後就被現實打蒙了。而人在不知所措的時候最容易做出對自己不利的決定。我們都無法預測市場，不知道投資標的是會繼續跌還是會反彈。在未知情況下，我們每一次入場投資前，都需要給自己設定一個停損線，也就是我們能接受的賠錢的底線。

美國著名學者丹尼爾・康納曼在他的《快思慢想》這本書裡就提到過這樣一個故事：

一個球迷買了兩張籃球比賽票，一張給自己，一張送給朋友，並且和朋友計畫週末一起開100公里的車去看這場球賽。

到了比賽當天，天氣卻不太好。天氣預報說傍晚會有暴風雪造成封路，可能看完比賽，兩人就會被困在當地回不來。

這時候，你認為這兩人中誰會更願意放棄，誰又會不顧暴風雪，堅持要去看這場比賽呢？

拋除其他因素不考慮，很明顯，花錢買票的那個人會更願意堅持去看，因為如果不去的話，損失的是他的錢。而另一個人本

來就是接受贈予與，即使不去也沒有損失。

可是，因為花了錢，就一定要用沉沒成本來決定該不該去嗎？萬一車在回來路上拋錨了怎麼辦？萬一封路了，回不來怎麼辦？

在做重要的決策之前，我們更應該關注這件事帶來的回報，而不是關注這件事自己付出了多少。在投資上也一樣，不能一直糾結在損失上面，而是要想，停損是為了保護自己的錢不繼續虧損。

那停損線應該怎麼設定呢？

技術流派計算停損點的方法有很多，但是對於新手來說，我建議就以最簡單的虧損10%作為停損線，這也算是我根據自己的經驗得出的一個平均值。你也可以根據這個平均值結合自己的承受能力進行調整，例如有的人心態比較好，可以接受20%的虧損，有的人膽子小，5%的虧損已經讓他睡不好覺，那就調整停損線到一個自己能接受的範圍即可。同樣，你也可以結合你本金的金額、你能夠投資的時長週期等來考慮，最好根據這個停損比例結合你的實際資金，計算出一個更具體的虧損金額，這樣會讓你有一個更具象的判斷。

假設現在你持倉的一檔基金／股票，帳面已經虧損了20%，該怎麼辦呢？

這時候，就應該把沉沒成本拋到腦後，設想自己從零開始，從現在只做對自己有利的事。可以用當前的價格當作新的起點，設置停損線，5%也行，20%也行，如果沒跌到停損線，就繼續持有；如果再下跌這麼多，就需要立刻停損，認賠離場。

　　設置停損線，實際上是在未知的投資市場中，降低一部分不確定性，掌握好自己能掌握的那部分。同時也要保持好的心態，即使你停損之後投資標的又漲了回來，這個時候也不用扼腕嘆息，大喊「早知它會漲回來，我就不該停損賣掉！」

　　與此類似的還有「早知道它會跌下來，我就不買了！」「早知道它會漲這麼多，我就多買一點了！」⋯⋯

　　這種馬後炮式的想法，在投資裡真的毫無意義。因為市場的變化本來就不是我們所能預測和掌控的，要真有那麼多「早知道」，豈不是人人都是百萬富翁了？

　　在投資中要想賺大錢不容易，但要想少虧錢還是很容易的，透過停損就可以做到。在每一次投資入場前，都必須設置一個符合自己的承受能力的停損線，並且一定要堅決執行。

　　想賺錢沒錯，但投資路上要先學會如何少犯錯，降低犯錯給自己造成的傷害。寧願走得慢一點，也不要走太快掉進坑裡。

第九章

人生最美好的事，
莫過於躺著賺錢

1. 基金：最適合普通人的理財工具

　　資產增值的方式有很多種。在過去的10年間，有人透過買房賺了錢，有的人跟朋友合夥開了公司，有的人炒股翻了倍，有人投資項目實現了財富自由……

　　但以上這些方式，要嘛是要求你本身就比較有錢，要嘛就是你得有出眾的能力或者遇到了對的人，總而言之，天時地利人和一個都不能少。說到底，實現資產增值是有門檻的，不是那麼輕易就能獲得的。

　　對於我們大部分人來說，基金投資可能是門檻最低也最容易實現的一種方式了。因為它本身投資門檻比較低，佔用資金的時間往往比較自由可選，即使不是金融專家，也能很快瞭解其中的邏輯。

　　基金的範圍其實挺廣的，比如我們平時說的養老基金，還有高端的家族信託基金、私募基金等。我們重點要討論的就是跟自己最相關的，以投資理財為目的設立的基金。

　　我們先來用一個最簡單的例子，理解基金是什麼。

　　假設我明晚要在家裡招待一群好朋友吃飯，我需要去菜市場買菜做飯。但是眾所周知，我是個非常不擅長買菜做飯的人，甚

至連韭菜和蔥都分不清，菜市場的菜品選擇那麼多，我很容易買錯東西，還可能被「敲竹槓」。

這時候，我就決定請一個外援——我媽媽。我媽常年混跡菜市場，和各個小販都很熟，在挑選蔬菜瓜果方面是一把好手。於是我直接把錢給我媽，請她幫我挑選一籃子菜，做到葷素均勻搭配。

在這個例子裡，如果我們把菜市場比作是股市，那麼菜市場裡琳琅滿目的蔬菜瓜果就是股市裡千千萬萬檔股票，而我媽媽則相當於基金經理人，她替我選好的這一籃子優質的菜，就是基金。

現在是不是很容易理解了？所謂基金，就是大家把錢都募集在一起，你一塊我一塊，然後由專業的投資人來統一管理這些資金。這個專業的管理人，一般叫作基金經理人，他對金融市場的瞭解程度和我媽媽對菜市場的瞭解程度一樣，他們一般都受過良好的專業教育，專門負責研究和投資，經驗也很豐富，是金融行業的菁英人士。

等一檔基金募集完畢之後，基金經理就會拿著大家湊起來的錢，去市場上買賣股票等金融產品來幫我們賺錢。等賺到錢之後，基金公司會收取一小部分的管理費，絕大部分的收益都會返還給我們這些投資人。

那麼，我們為什麼要把錢集合起來呢？因為一個人的資金是有限的，但是我們要投資的東西可能很貴。有很多股票的交易門檻很高，對於理財新手來說是一筆不小的錢。但是買基金有一個好處，就是可以降低買賣的門檻。基金可以募集到比個人多得多

的資金，然後把錢分散在多支潛力股上。你只需要花幾百塊錢，就能買到高價股票的基金，透過買這檔基金，間接持有一部分高價股的股票，既分享了收益，又不至於讓自己一下子投入太多。

所以，基金實際上是一種間接投資的方式。就像剛才我們提到的，你的錢並不是直接買了商品，而是交給一個專業人士，也就是基金經理人，讓他幫你決定買些什麼。

既然是投資，就一定會有風險。所以基金是不保本的，收益也是浮動的，並且可能會出現虧損。管理費是按比例來收取，因此一般來說，基金賺得越多，基金經理人能收到的管理費就越多；但是，即使虧損，管理費也並不會因此而不收。

可能有人會覺得奇怪了，既然他不能保本，還要收管理費，那為什麼我們要去買基金，而不是自己直接去投資？

事實上，和大部分新手設想的相反，因為金融市場充滿了風險，股市的短期波動是非常大的。上一章就跟大家講過「七虧二平一賺」的說法，作為新手貿然進入股市，多半都要虧一些錢。

所以，買基金而不是直接買股票，最大的好處就是降低風險。

你自己買股票，一般一次就買一兩家公司的股票，多一點的買四五家、七八家，也就差不多了，再多也看不過來。但是一檔基金裡通常包含了幾十種甚至上百種不同的股票，你只需要買一檔基金，就間接擁有了這些股票的一部分，也就是買了「一籃子的股票」，相當於把同樣的錢分散在了幾十甚至幾百支不同的股票上。這樣一來，即使任何一家公司的股票出現大的波動，也不會對你造成太大的影響。透過買基金，輕輕鬆鬆就把雞蛋放在了

不同的籃子裡。

　　基金的另一個好處，就是不用你自己做研究，有非常專業的基金經理幫你打理。

　　投資這件事情，看起來人人都能做，但專業選手和業餘選手的差別還是挺大的。你買了基金，就相當於你把錢交給了接受過良好教育、有從業經歷的菁英們去打理，比起你自己一通亂折騰，肯定更放心。畢竟基金經理是有一定門檻的，能夠吃這碗飯的人，在投資上花的時間多，接觸到的資訊和擁有的操作經驗，比普通人強很多。

　　事實上，資料統計也表明，成立5年以上的基金中，從長期來看（3～5年以上），大概有95%的基金都實現了盈利。

　　其實在美國這樣成熟的股票市場裡，普通散戶已經漸漸淡出股市了，市場佔比更多的是機構投資者、專業基金操盤者。因為人們都慢慢明白了，投資這件事情專業門檻很高。現在好像也正慢慢經歷著這個變化，越來越多的人會選擇購買基金，而不是自己去炒股。

　　對於新手來說，基金是一個更省心、風險更低，也更容易獲得收益的投資方式。專業的事，交給專業的人去做，事半功倍。

2. 月收入 1000 元到 1000 萬元都適用的基金定期定額

　　瞭解了買基金的好處，接下來聊聊買基金的方法。

　　基金投資的方法也有很多種，其中有一種，不管你月入 1000 元還是 1000 萬元都適用，那就是基金定期定額。

　　基金定期定額這個詞，可能你多多少少都有聽說過，但並不一定知道它的意思。其實是指在固定的時間（如每月 8 日）以固定的金額（如 500 元）投資到指定的基金中，類似於銀行的零存整取方式。說白了，就是按照固定週期，每週或每月拿出固定的一部分資金，用來購買基金。

　　那為什麼說基金定期定額是一種適合所有人的投資方法呢？

　　說到定期定額，就不得不說一下在基金定期定額中非常有名的「微笑曲線」（見圖 3）。

　　微笑曲線是指在股市下跌時仍堅持基金定期定額，經歷一段下跌行情，靜待反轉，最終上漲，獲利贖回。形成微笑曲線要經歷四個階段，開始定期定額 → 出現虧損 → 觸底反彈 → 最終收穫。在這樣一個經歷了四個階段的完整週期內，如果將每一個定期定額扣款日的基金淨值與最後獲利離場時的基金淨值用曲線連接起來，就會形成一條兩端朝上的弧線，弧線的形狀就像人的笑

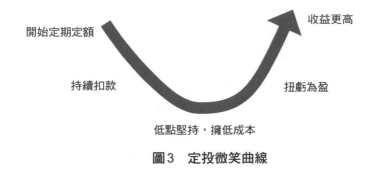

圖3　定投微笑曲線

臉，這就是基金定期定額的微笑曲線。

用一句話來總結就是「守得雲開見月明」。即使出現虧損，我們也要堅持定期定額，直到最終獲得預期的盈利。

我們都知道，股市和人生一樣，沒有永遠上漲的行情，也不會一直走下坡，總是有漲有跌的。如果你能準確判斷某檔基金（或股票）即將開始持續上漲，那麼別猶豫了，立刻投入你的資金，就能實現利益最大化。但是很可惜，絕大多數人不可能提前預知市場行情。我們基本不可能在市場最低點開始定期定額，也不會在市場最高點結束，更多的是面對漫長的震盪，以及一無所知的未來。而定期定額的好處，就是在我們無法預知市場漲跌的前提下，堅持按期投入資金，這樣可以在基金價格處於低位時買到更多的份額，拉低持倉成本，從而在上漲時獲得更多收益。

舉個例子，我以10元／份的價格買入總價值為1000元的某基金，後來該基金單價跌到5元／份，我又買入了1000元，請問我的持倉成本是多少？

答案是6.67元／份。

計算過程如下：

2000元（我投入的總金額）／300份（第一次買了100份，第二次買了200份）＝6.67元／份。

假設過了幾天，該基金單價漲到了8元，雖然依然低於我第一次購買時的10元，但我依然每份賺了1.33元。

而如果我沒有選擇定期定額，而是在基金價格為10元的時候把2000元本金全部一次性投入，那麼我的持倉成本就是10元。基金價格一旦低於10元，我就虧了。

所以，定期定額的魅力就在於，攤薄成本、平緩風險，它會給我們一個比較好的心態——虧損並不可怕，相反，在後續的定期定額中能夠收集更多的籌碼，一旦市場出現快速的上漲（可能遲到，但不會缺席），獲益將是豐厚的，這時候，就需要你克制貪念、及時停利。

明白了定期定額的原理之後，想透過定期定額投出一條漂亮的微笑曲線，你不需要很多的專業知識，不需要一直擔心行情，只需要足夠堅持，足夠耐心。

就連巴菲特給普通人的投資建議也只有兩條：

⑴長期投資；

⑵如果不知道買什麼，就定期定額指數吧。

總結起來，定期定額的關鍵字就一個——堅持。你是否有持續的現金流，在長熊的市場、持續虧損時是否還能繼續堅持？如果不能十年如一日地篤定堅持，最後可能免不了虧損離場。

因為需要持續的現金流，所以定期定額最適合的就是剛開始

工作、沒有多少積蓄但有穩定工作收入的年輕人。每個月薪水到手後就拿出一部分進行定期定額，一方面可以督促自己養成儲蓄的習慣，另一方面分批買入，試錯成本也最小。利用微笑曲線平衡定期定額成本，長期堅持下去大多可以取得不錯的收益。

在定期定額的時間頻率上，要盡可能做到分散。你可以選擇每週定期定額，也可以選擇每月定期定額，兩者堅持下來的收益率幾乎沒有區別，因此選擇適合自己的即可。希望有操作感、跟隨市場行情，可以設置每週定期定額；如果覺得自己比較懶，也可以設置在每月發薪日的第二天定期定額。

如果採取每週定期定額，可以把定期定額日設置在每週四或週五，因為從長期的歷史資料來看，這兩天都是大盤跌得比較狠的時候，在這個時候定期定額買入，可以擁有更低的成本。可以自己設鬧鐘，到時間手動定期定額；也可以借助券商平台，綁定自己的銀行帳戶，到期自動轉帳。

那什麼時候開始定期定額呢？

買入的時間點其實並不重要，因為你會透過定期定額不斷攤薄成本，相比之下，賣出的時間點更重要。

華爾街流傳著一句話：「要在市場中準確地踩點入場，比在空中接住一把飛刀更難。」而定期定額最大的好處是分批進場，攤平投資成本，分散可能在高點進場的風險，再在相對高點落袋為安，以達到「低買高賣」的效果，避免掉入短期擇時的陷阱之中。

市場是無常的，策略是固定的，每種策略都有它的缺點。基

金定期定額的缺點在於：在市場上漲、高位震盪過程中，雖然盈利大幅提高，但持倉成本也在快速提高。一旦市場轉向熊市❸，整體會迅速虧本。所以基金定期定額時要設置好合適的盈利點，達到盈利預期就要落袋為安。

　　儘管我個人也很喜歡定期定額，但要跟大家說的是，定期定額並不是萬無一失的。這樣做的資金利用效率不算高，因為定期定額時會有一部分錢閒置，沒有發揮出用處。但對於新手來說，安全最重要，可以等先學會了定期定額，再考慮更複雜的資產配置方式。

---

❸ 長期呈現下跌趨勢的市場。

3. 買指數，機會與風險並存

　　基金雖好，但市面上可以選擇的基金太多了，新手應該從什麼類型的基金開始入門？

　　很多新手容易被基金的歷史高收益所糊弄，貿然買入。我有個朋友就有這方面的教訓。她看到網路上裡有一堆精選基金，寫著最近一年超過50%的收益，覺得挺不錯，腦袋一熱，一口氣買了20萬元的基金。

　　結果你猜怎麼著？沒多久股市暴跌，她買的這幾檔基金也跟著虧損，半個月損失逾20%，賠了4萬元。那段時間，她每天晚上都失眠，天天問我該怎麼辦。如果對基金一竅不通，只看歷史收益率就買，多半就會是這種後果。

　　很多基金，尤其是專門投資股票的股票型基金，風險很高，波動很大，雖然有時候賺得多，但冷不防也會一下子虧很多。風險承受能力比較弱的新手，大跌兩次可能就被嚇跑了，慘澹離場。

　　前面我們說到，基金由專業的基金經理人管理，相當於把你的錢交給接受過良好教育、有從業經歷的菁英們去打理，但也正是這個原因，基金的管理費都比較貴。對於這種由基金經理發揮

主觀能動性、主動管理的基金，我們一般把它們叫作「主動型基金」。

　　主動型的投資，基本上取決於投資決策人的判斷。比如我們自己買股票，就全看我們自己的操作；對於主動型基金來說，既然是由基金經理來管理的，那麼基金的收益就非常依賴基金經理擇時和選股的能力，所以不確定性會很大。能力強的基金經理有可能賺得非常多，能力差的也有可能虧得一塌糊塗。

　　所以在選擇主動管理型基金的時候，我們也會有一個關鍵人原則。我們在觀察主動管理型基金的時候，一定要注意這個基金經理人歷年績效如何，專業背景是否可靠。萬一基金經理人換了，那你辛辛苦苦選的基金，可能也就跟著變了，新的基金經理人不一定比之前的選股能力強。

　　歷史資料表明，很多上一年的基金績效冠軍，在下一年往往會表現平平，因為他們過於激進、重倉太多，而市場又是變化莫測的。這幾年全球股市劇烈變化，想準確預測市場越來越難了。

　　此外，主動管理型基金是比較讓人操心的，基金經理也承擔著基金管理運作的壓力，因此，基金的費率也比較高。買主動型基金不僅會有申購費，還會有每年1.5%左右的管理費，而且，不管你的基金是賺錢還是虧錢，你都要繳。

　　一個叫約翰‧柏格的美國投資人，覺得主動型基金的管理費太貴了，貴到不能忍受，於是他發明了一種全新的基金，叫作「指數型基金」。

　　什麼是指數？

　　拿中國股市來說，中國市場上的股票有3000多檔，各檔股

票之間差異非常大。但很多時候，我們想知道市場平均漲了多少，這個時候，就有了指數。比如上證指數，是上海交易所發行的所有股票的加權平均價格。其他各行各業也都有一些指數，挑的都是裡面有代表性的股票。指數上漲，說明市場或者這些行業發展不錯，這類股票的整體價格也是往上漲的。

打個比方，這有點像學校給優秀的學生分班。按照不同的分班原則，我們可以分出文科重點班、理科重點班、衝刺清北班等。當然，學校每年都會重新進行分班考試，如果退步了就沒辦法繼續留在這個班上，騰出位置讓進步的同學補進來。指數也一樣，編制指數的公司會對指數裡包含的成分股每年進行重新考核，優勝劣汰，品質差的成分股會被排除出去，新的優質股票會被填進到這個指數池裡來。

指數型基金，就是根據指數池裡的眾多股票來「照方抓藥」。這種指數型基金，不一定能賺大錢，但風險是比較可控的。一來市場或者某些行業長期的趨勢，是相對比較容易判斷出來的；二來指數型裡面股票數量比較多，可以幫我們分散風險。

和主動型基金相反，指數型基金是一種被動型基金。如果說主動型基金是基金經理自己要去拍一部原創電影，那指數型基金就是照著已有的經典老電影翻拍，操作難度會大大降低。

因此，指數型基金的管理比較簡單。因為基金的收益幾乎完全複製指數的漲跌，所以基金經理只要照著指數的成分股買就行了，主要工作就是嚴格追蹤指數。指數型基金的收益較少受到人為干預，所以我們可以少交一些管理費。

約翰·柏格在20世紀70年代創造了第一個指數型基金，成

功「翻拍」了標普500指數，也就是美國的股市大盤指數。直到今天，指數型基金都是非常流行的一種基金類型。

　　指數型基金看起來很「懶」，可能會讓你覺得，收益會不會很低呢？但其實，大部分投資者是跑不贏指數的。長期來看，大多數主動型基金的表現都不如大盤指數。只有極少數優秀的主動型基金，可以在短期比如一年內，獲取超越指數的收益。

　　上市企業一般都是一個國家最優秀的一批企業，而指數型相當於從這批企業中優中選優。比如我們採用市值加權法選出滬深兩市市值最大、流動性較好的300家公司的滬深300；還有採用股息率加權選出分紅比較好的100家公司的中證紅利指數等。不管採用什麼指標，其核心思想就是透過各類指標選出優秀的上市公司，這些優秀企業的發展也是一個國家經濟發展的推動力。因此，這些指數型基金和國家的經濟發展是息息相關的。只要國家經濟長足進步，指數就會長期向上。

　　想一想，為什麼那麼多的投資大師都是來自美國？像我們熟悉的巴菲特、蒙格、彼得・林區……

　　道理很簡單，如果連國家經濟發展都不好，又何來投資的大豐收呢？巴菲特曾說過，自己能取得如此優異的成績得益於美國在二戰後的發展。一個經濟發展良好的國家，自然會誕生優秀的投資者。

　　指數型基金，也是最適合定期定額的一種基金。

　　巴菲特本人就是指數型基金的頭號擁護者。1993年，巴菲特在《致投資者的信》中首次提到了他的建議，原話是「透過定期投資指數型基金，一個什麼都不懂的投資者通常都能打敗大部

分的專業基金經理人」。

巴菲特為了捍衛自己提出的理念，他在2007年公開向對沖基金行業發出戰書。他認為投資標普500指數型基金的10年績效可以戰勝任何投資專家選擇的所謂投資組合。對沖基金經理人泰德・賽德斯接下了這份戰書，開始了一場10年賭局。

從2008年到2017年底，兩人都堅定貫徹自己的投資原則。巴菲特投資了10年的標普500指數型基金，跟著美國股市大盤走，也就是跟著美國的經濟發展走。而賽德斯根據自己對市場的判斷，建立了不同的對沖基金組合，堅持進行主動型管理。

最後兩人的投資結果出爐：巴菲特在10年間，創造了125.8%的累計投資回報率，年化報酬率是8.5%；而塞德斯選擇的對沖基金組合，10年僅僅創造了36.3%的累計投資回報率，年化報酬率只有3.2%。

巴菲特這10年，用完全被動投資的方式，吃得好、睡得好，不用動多少腦子，只跟著大盤走，結果輕輕鬆鬆就超過辛苦選擇投資標的的專業投資經理人，並且超過了不止一倍。

事實勝於雄辯，巴菲特用這場舉世聞名的10年賭約，捍衛了指數型基金的位置，也成了公認的「指數型基金代言人」。

另外，選擇被動型投資，不僅可以長期獲得更高收益，更重要的是，也可以讓我們空出更多時間，去做更重要的事，精進自己的主業。

主動型投資會佔用我們很多時間，去看盤、去追蹤市場變化……投資主動型的基金，也要求我們投資者主動一點，需要經常關注它的變化。基金經理人是否表現穩定？這個基金經理人管

理的其他基金是否安好？十大重倉股是否有調整？有沒有新的投資者進入？……

　　當然，如果你願意花更多的時間去研究基金，也不是不可以選擇主動型基金。因為從基金的長期歷史資料來看，優秀的主動型基金收益可能會大幅超過指數型基金的收益。

　　但我覺得，這樣反倒失去了投資理財原本的意義。投資是手段，不是目的，我們學習投資本就是想讓自己獲得更多被動收入，從而擺脫無意義的日常工作消耗，擁有更多自由時間、過上更自由的生活，而不是把多出來的時間全部用來去研究投資，這樣反而是本末倒置了。

　　所以，如果你想比較省心省時進行投資的話，可以選擇被動型的指數型基金。收益不會特別高，但也不會低於市場平均水準。換句話說，買指數型基金，你一般會獲得不低於國家GDP增速的收益回報。

　　對於新手來說，最穩的被動收入，其實就是投資指數型基金。而持有股票的最佳方式，就是透過定期定額，分批購買成本低廉的指數型基金。

4. 基金的分類有哪些

　　假設你晚上約了朋友吃飯，選餐廳的時候你肯定會考慮，吃中餐還是西餐？朋友能不能吃辣？他有什麼忌口嗎？這些餐廳的特點和價位又如何？

　　選擇基金其實也一樣，每種基金的「口味」不同，適合的人群也不一樣。接下來我們就一起看看，基金有哪些分類，分別應該怎麼選。

　　基金是一種集合投資的方式，有對外公開募集和私人募集之分。根據募集方式不同，基金可以分為公募基金和私募基金。

　　所謂公和私，其實指的就是對公和對私。對公即對公眾開放，公開發行，所有人都可以投資，一般買入門檻很低，甚至一塊錢就可以投了。「對公」也就是面向廣大群眾，所以它要滿足絕大多數人的口味，要滿足大部分群體的投資能力。公募基金就像家常菜，特點就是更面向大眾，大多數人能接受。

　　對私，即對私人發行，不是所有人都可以買的。一般購買門檻都比較高，通常100萬元起。私募就像私人會所裡的私房菜，不是隨隨便便就能買的。但它的特點是更個性化，可以滿足少數群體的預期。

　　我們平時接觸到的基金絕大部分是公募基金，所以接下來的分類大多圍繞公募基金展開。

　　我們已經知道了基金就是找專業人士幫我們投資，那買基金之前，我們肯定得思考一下，這筆錢到底用來投資了什麼呢？

　　根據投資標的的不同，基金可以分為以下幾種：

(1) 貨幣型基金

　　貨幣型基金的投資對象往往是期限小於1年的金融產品，包括商業存款、大額可轉讓定期存單、銀行承兌匯票等，甚至有的會包括一些短期國債、政府公債之類的。

　　看看剛才這段話裡提到的關鍵字——銀行、政府、短期、現金，是不是聽起來就感覺很可靠？

　　沒錯，貨幣型基金最大的特點就是流動性強、安全性高。這就好比划船出海，離海岸越遠，遭遇風浪翻船的可能性越大，不確定性也就越多。反之，則更安全。貨幣型基金收益一般都不高，年化收益普遍都在2% ～ 4%左右，收益不算高，但勝在安穩。

　　也正是因為這些特點，貨幣型基金有「準儲蓄」的稱號，隨取隨用，感覺和持有貨幣一樣方便，所以被稱為貨幣型基金。

(2) 債券型基金

　　貨幣型基金，雖然確實挺穩健的，但對有的人來說，收益率也太低了點。那有沒有什麼相對穩健，收益率也更可觀一點的基金呢？

當然有，就是債券型基金。

債券型基金顧名思義，就是大部分資金都用於投資在債券上的基金。我們在前面解釋過債權和股權的關係，也就不難理解，相對於股票來說，債券是相對比較安全的一種金融產品。當然，由於債券也存在著價格波動，因此，債券並不能說是保證獲利。

簡單理解，債券型基金就是基金經理人把大家的錢聚集起來，投資給國家和企業的特定項目，底層依然是債權關係，相對比較穩健。

相較於投資單一債券，債券型基金會盡量選擇多家優質企業的債券，並且分散購買，降低風險。

另外，債券型基金按照投資目標，也可以分為三類：

純債基金：只投資債券市場的基金，不投資股票，這類債基比較好辨認，一般名稱都帶有「純債」二字。

一級債基：主要投資債券，還可以參與新股申購，若中籤的話，就買到了即將上市的股票。待新股在二級市場價格上升後賣掉，就能套利，收益較高。

二級債基：主要投資債券外，還會投資一小部分股票，所以風險會高於純債基和一級債基，但預期收益也會更高些。

總結一下，債券型基金總體來說收益較穩定，風險介於貨幣型基金和股票型基金之間，收益通常高於貨幣型基金，但低於下面馬上要講到的股票型基金。

(3) 股票型基金

接下來進入最常見，風險也相對較高的一類基金，叫作股票

型基金。

聽名字就知道，股票型基金是主要投資於股票的基金。

對於普通投資者，選擇股票型基金最大的好處就是起投門檻低，一般 100 元就可以透過基金買入多檔股票；另外還有專業的基金經理人幫我們打理，更省事更高效。

股票的波動比較大，所以股票型基金也會跟著股市起起落落，有時虧錢，有時賺錢。對於一些新手投資者來說，每日漲漲跌跌可能會讓你心跳加速。但有一個專業的基金經理幫忙打理資金，總比自己瞎折騰要好。

我們前面說到的指數型基金，可以是股票型基金也可以是債券型基金，只是我們大部分時候投資的都是股票指數型基金，選擇了代表股市某項指標的指數，所以，一般說指數型基金也就特指股票指數型基金了。

總的來說，股票型基金，因為投資標的是股市，因此收益和風險在各類基金中都相對較高。

(4) 混合型基金

除了以上三種基金，可能會有人問，有沒有一個相對中和，收益既不會太低、風險也不會太高，既投資於債券也投資於股票，每樣都包含一點的基金呢？

還真有。你在找的，應該就是混合型基金。

混合型基金可以投資於股票、債券或者貨幣市場，沒有比例的限制，它可以自行調整投資於股票和債券的比例，很方便地在債市和股市來回切換。股市好的時候，多投點股票，賺得多；股

市不好的時候，多投點債券，虧得少。

　　混合型基金就像兩棲動物一樣既可以在水裡游，也可以在陸地上跑，兼具激進和保守的投資策略。當市場環境不是很好的時候，牠鑽到水裡規避風險。當市場環境比較好的時候，牠跑到陸地上博取超額收益。因此，混合型基金的投資回報和投資風險一般低於股票型基金，高於債券和貨幣型基金。

　　總的來說，混合型基金相對於股票型基金、債券型基金會更加靈活，可以隨著市場變化及時調整投資方向。在股票市場長期處於震盪的情況下，就可以重點關注混合型基金。

　　以上四種基金類型就是從投資標的的角度對基金進行的分類，除此之外，基金還有其他幾種常見的分類方式。

　　其實這也非常好理解。就好比一道菜，可以按照不同的分類方式被分成好多類。按食材，可以分成葷菜和素菜；按口味，可以分成辣的和甜的；按菜系，可以分成川菜和粵菜等。

　　同樣地，一檔基金除了按投資標的分為貨幣型、債券型、股票型和混合型，還可以按投資理念分為「主動型基金」和「被動型基金」，或者按交易管道分為「場外基金」和「場內基金」，也可以按運作方式分為「封閉式基金」和「開放式基金」。一檔基金可以既是股票型的，又是被動型的，還是場內基金。

　　接下來我們就分別看看這幾大常見分類。

(1) 根據投資理念的不同，基金可以分為「主動型基金」和 「被動型基金」

　　主動型基金也叫主動管理型基金，是指募集後由基金經理人

操盤，把資金投資於他所偏愛的股票、債券等，以期獲得超越市場基準收益的基金，這類基金的實際業績很大程度上取決於基金經理的主動管理行為，所以稱為主動型基金。

相對地，被動型基金並不主動去尋求超越市場的表現，一般選取特定的指數作為追蹤目標，所以也稱指數型基金。

(2) 按照交易管道，可以把基金分為場外基金和場內基金

場內基金就是指在證券交易所交易的基金，場外基金指的是不在證券交易所交易的基金。

場內基金和場外基金最大的不同就是，場內基金是像股票一樣直接按照價格來買賣的基金。而場外基金是按照淨值申購和贖回的基金。

你可能會疑惑，「買賣」和「申購贖回」有什麼不同？價格和淨值難道不是一回事？

還真不是。

價格是在交易的時候即時波動的。你現在買的價格，與下一秒買到的價格可能就是不同的，這個動作我們稱之為「買賣」。

而淨值是一整天交易結束收盤結算後的那個數字，我們稱之為「淨值」。所以對於場外基金來說，無論你的交易時間是上午還是下午都一樣，因為都是按照當日收盤結算後的淨值成交。

再通俗一點說，可以直接在基金平台上買賣的，就是場外基金。這類基金一般情況下一天顯示一次價格（淨值），你在當天15點前購買，就以當天的結算淨值成交；你在當天15點後購買，就以第二個交易日的結算淨值成交。

場內基金則不同，它是直接在股票交易軟體上買賣的基金。要想買賣場內基金，你首先需要一個股票帳戶，買賣它和買賣股票一樣，你只需要輸入代碼，掛個價格等待成交就可以了。場內基金最常見的就是ETF（Exchange Traded Fund），也就是交易所交易基金，它和指數型基金的概念差不多，但不同的是交易方式，它是按照盤中波動價格直接來買賣的。

因為場內基金的價格每一秒鐘都不一樣，所以它的流動性、靈活性都更好。但是，對於工作繁忙、平時沒有太多時間操作看盤的上班族來說，場外基金或許是更好的選擇。正是因為場內基金的價格是即時變動的，可能就需要你花費大量的精力去盯盤。而場外基金一天只有一個價格，很多都可以自動定期定額。

另外，場內基金的交易門檻更高。和股票一樣，一次最少買100股，相當於最低也要幾百塊錢。而場外基金，最低10塊錢就可以購買。除此之外，場外基金可選擇的數量也要比場內多。

(3) 按照運作方式，基金可以分為封閉式基金和開放式基金

封閉式基金是指基金規模在發行前就已固定，等募集完資金，即發行結束後，基金對外封閉，基金份額在規定的期限內固定不變。封閉式基金在封閉期間不能贖回，但掛牌上市的基金可以透過證券交易所進行轉讓交易。

通俗地說，購買封閉式基金之後，在約定的期限內是不能贖回的，只能夠轉讓給其他人。但在封閉期內，這樣的交易往往是折價交易，這麼做通常會直接導致虧損。

而開放式基金，是一種基金規模不固定，可以隨時根據投資

者需求發行新份額，也可以隨時被投資者贖回的基金。開放式基金不在交易所交易，一般是由商業銀行、證券營業部等協力廠商機構代銷。

在公募基金中，封閉式基金佔比很小，我們平時接觸到的大部分是開放式基金。

最後再總結一下，基金的分類很多，最常見的就是按照基金的投資標的，分為貨幣型基金、債券型基金、股票型基金和混合型基金。此外，還可以按投資理念分為主動型基金和被動型基金，按交易管道分為場外基金和場內基金，也可以按運作方式分為封閉式基金和開放式基金。瞭解這些分類，就可以根據自己的喜好，選出更適合自己的基金。

5. 如何挑選基金

講完了基金的基礎概念，接下來就來到了最重要的環節——如何挑選基金。

面對市場上幾千檔基金，大家往往挑花了眼，這也想買那也想買。其實選基金就是在做減法，可以像挑一家好的餐廳一樣，選出一支可靠的好基金。

第一，選餐廳，優先選擇有名氣有口碑的肯定不容易出錯。對於基金來說，我們也一樣要看基金公司的品牌和口碑。

當你到了一個陌生城市，隨便選個路邊餐館吃飯，很容易踩到雷。但如果選擇那些在每個城市都有的連鎖餐廳，熟悉的味道、熟悉的品質控管，不會差到哪裡去。

大的基金公司也一樣，我們首選成立時間長、老牌的基金公司。這些公司一般具有雄厚的資產規模、相對健全的產品線、較多明星基金經理和較為完善的研究平台，還有更好的資料和更大的使用者群體與信用背書，有足夠的實力從事一些研究活動，保持管理資產的穩步增值。

當然，也並不是說小基金公司的基金一定就不好。換個角度，假如你是一個小基金公司的老闆，你怎麼做到在這麼多基金

公司中脫穎而出呢？你是不是需要凸顯自己的個性，使自己的管理能力跟別家不同，這樣才能讓大家更青睞你呢？

因此，大部分小基金公司往往會把自己的投資研究側重點放在主動管理型基金上，以做出在市場中脫穎而出的產品。被動管理型基金這樣隨大流的產品，往往不是他們主攻的方向。對於新手來說，優選大基金公司的基金，至少不容易踩雷。

第二，選餐廳的時候，要看掌杓主廚的水準，這就對應了選基金的時候，基金經理得可靠。

對於一家餐廳，主廚是否受過專業培訓、在業界口碑如何，都會影響我們對這家餐廳的判斷。同樣，基金經理人的決策也會直接影響一檔基金的收益情況，尤其是主動型基金，非常依賴基金管理人的能力，可以說選基就是選人。考察一名基金經理人是不是可靠，具體有三個方面。

首先，基金經理的專業背景要強，投資的經驗要豐富，從業年限越長越好，至少他的投資經歷能夠覆蓋一個牛熊週期。對於一個僅僅經歷過牛市的基金經理，我們很難透過過往業績對其做出客觀評價。因為很多基金在牛市裡短期可以上漲2～3倍，但在之後的熊市裡能下跌70%～80%。所以只有經歷過完整一輪牛熊市的基金經理，我們才能客觀評價他的投資能力。

其次，基金經理人的投資能力要強，任期內的業績要超越比較基準。並且在一輪牛熊市期間，基金的年化收益率最好不低於15%。尤其是主動型基金，它比指數型基金波動大，我們承擔了更大的風險，自然得要求更高的收益。

最後，還得看基金經理人的投資風格，是比較激進還是穩健

保守，擅長把握的市場是牛市還是震盪市。

第三，看一家餐廳不能只看好評不看負評，選一檔基金不能只看收益，還要看它的抗跌能力。

我們選餐廳的時候，多半都習慣看一下點評上的評分和排名。除了看好評，也會挑出負評看一看，知道踩雷可能會踩在什麼地方，能接受再選。

但是選基金的時候，大多數人都喜歡盯著收益不放，而忽略了更重要的一方面，就是考察這檔基金抗跌能力強不強。一檔基金跌得越多，想要漲回來越難。

舉個例子，假設一檔基金從2元跌到1元，下跌了50%；但如果要從1元再漲到2元。需要上漲多少呢？

答案是100%。

所以，一檔基金不僅要賺得多，還要虧得少，這樣才能在長期有持續增長能力。

我們一般可以透過「最大回撤」這個指標來衡量一檔基金的抗跌能力。最大回撤通俗地說，就是在一定時間內，比如一年內，基金淨值從前期的最高點，跌到最低點的下跌幅度。最大回撤小，代表基金虧損後只需較小的漲幅就可收復失地；最大回撤大，表示基金一朝虧損深似海，再漲回來可就難了。

第四，選餐廳時可能很多人都習慣先看看店裡的客人，都是什麼樣的人在餐廳吃飯。基金也一樣，需要看看持有人結構如何？

俗話說，和什麼樣的人在一起很重要，對於投資來說也是如此。作為散戶，我們有必要關注一下誰和我們一起在投資這檔基

金，我們在與誰為伍。

在一個基金的介紹檔案裡，我們可以看到它是機構持有比較多，還是和你我一樣的散戶持有比較多，這裡的機構持有佔比很重要，因為機構資金作為「聰明的錢」，在做出投資決策時往往比個人更加理性和專業。機構資金的追捧是對基金經理能力的有力證明，持有這樣的基金，晚上能睡得踏實一些。

最後，我們來客觀聊一下基金評級這件事。

可能你對基金評級並不陌生，在瀏覽基金時，經常會看到幾顆「小星星」在我們眼前晃過，這些「小星星」就是基金評級機構對基金的評級。就有點像我們吃飯之前，去大眾點評上看一看當地美食排行榜和餐廳的星級評分。

那麼基金評級值得參考嗎？

首先，毋庸置疑，相較於個人投資者，基金評級機構要更加專業和客觀。基金評級機構在做基金評級時會蒐集關於這檔基金的各類資訊，依據一定的標準，從基金的預期收益和風險兩方面對基金進行排序。排序方法包括了基金收益、風險大小、風險調整後的收益等。其中對基金風險和基金收益的預期主要是基於基金的歷史資料。

此外，基金評級並不是誰都可以參與的，證監會對評級機構和評價人員做出了明確的規定。評級機構在進行基金評級的時候必須遵循長期性、客觀性、公正性、一致性、全面性、公開性原則。

其中晨星評級標準最為成熟，也最具權威性，相較而言，其他評級機構都多多少少存在一些不足，特別是一些獨立協力廠商

機構在研究資源和資料來源方面不佔優勢。

以晨星為例，晨星評級的基金主要是成立三年以上的老基金，貨幣型基金是除外的。晨星評級的更新頻率是一個月更新一次，在晨星的網站上會公布基金三年評級、五年評級，有些老牌基金還有十年評級。

在具體評級思路上，首先第一步它會把基金做一個分類，對同類基金進行比較；第二步衡量基金的收益；第三步計算基金的風險，並衡量風險調整後的收益；第四步是對不同類別的基金進行評級。

晨星評級一般把基金評為一星到五星，五星是最好的。其中表現最佳的前10%會被評為五星，接下來的22.5%會被評為四星基金，中間的35%是三星，隨後的22.5%是兩星，最後的10%被評為一星。

看過基金評級的過程就知道了，基金評級其實就是綜合風險和收益兩個方面的排名。所以基金評級是否值得參考的問題，本質上是這樣一個疑問：這種建立在過往業績的基金評級可靠嗎？

不可否認，基金評級是存在一些不足的。

首先，基金評級的範圍窄，一般我們看到的評級對象是成立三年以上的基金。這就導致了一些具備投資價值的年輕基金被忽略。

其次，基金評級更新週期長，速度較快的晨星網也要一個月才能更新一次，但市場風格變化卻是極快的；而且管理基金的基金經理人更換之後，相關評級資料並不會及時更新，評級結果可能只反映了前任基金經理管理該基金的業績，這就大大降低了評

級的參考價值。

最後，即使五星級基金並不一定能保證賺錢，如果同類基金均虧損，該類基金中的五星級基金也有可能虧損。

雖然基金評級存在一定的缺陷，但它仍然有很大的借鑑意義。我們在選擇基金的時候，還可以參考一下基金的歷史評級的變化。總的來說，長期獲得高評價的基金往往成本相對較低、基金經理和研究團隊資源充分、市場影響力較高……有這些優勢的基金，還是比較可靠的。

總之，我們可以在篩選基金時參考基金評級的結果，但也不能忽略它的缺陷。就好像米其林餐廳的星級一樣，評星高的餐廳自然有它好的道理，但也不見得不會「踩雷」。

與基金評級類似的概念就是基金排名。基金排名很容易理解，就是將同類基金一段時間內的過往收益由高到低進行排列，從而生成排行榜。相較於基金評級，基金排名參考的範圍更加單一，僅僅是基金過往收益，它同樣存在基金評級的那些缺陷。

我們平時在各大平台買基金時，在首頁都會看到平台置頂推薦的基金。這些基金一般是根據排名篩選出來的。但越是平台推薦的基金，就越應該謹慎買。

因為平台之所以推薦這些基金，是因為它們已經漲了很多了，有明顯漲幅資料可以打廣告出來，所以才會被大家看到。但太多投資者搶的未必是好東西，群體行為很多時候都是非理性的。

就算是檔好基金，在這個時候，它的淨值絕大機率已經過高，盲目買入的話，很可能就做了接盤俠。所以基金排名也僅能

作為選擇的參考，還是需要綜合運用前面講的篩選基金的方法，多方面綜合考慮，再做出自己的判斷。

可能很多人以前買基金，都是身邊朋友推薦什麼就買什麼，或者看哪檔基金漲得多就買哪檔。要提醒大家，挑基金的時候，千萬不要只看歷史績效，因為歷史績效只能代表基金過往是支好基金，但它無法預測基金未來的表現。所以以上方面都需要結合起來，動態考察基金的表現。

有了科學的挑選框架，不一定保證能賺到錢，但會幫助我們避開很多投資上的陷阱。在剛開始接觸投資的時候，最重要的還是樹立科學正確的投資思維，在建立自己的知識框架這件事上，打好地基，才能建高樓、宴賓客。

6. 投資基金的注意事項

　　瞭解了基金的基本概念和分類，在真正開始動手之前，有幾點注意事項不得不提示一下，新手尤其需要注意。

　　第一，瞭解自己的風險承受能力。

　　投資最重要的是，除了瞭解你投資的東西之外，你還需要瞭解自己。你自己是什麼樣的投資者？風險承受能力如何？適合什麼樣的基金？

　　我們一般把風險承受能力分為兩部分，一是客觀資產狀況，二是個人主觀意識。

　　客觀資產狀況就好比一個人的身體是否強壯，塊頭大的人抗擊打能力就強，被打幾下也不至於傷筋動骨；如果你資產本身比較多，那投資遭受一點虧損也許並不致命。而個人主觀意識就好比一個人的膽子有多大，膽大的人更傾向於冒險，有一顆強大的心臟，能夠面對忽上忽下的收益波動。客觀狀況與主觀意識需要結合起來考慮，如果一個人本身資產較少、身體虛弱，即使其內心能夠承受風險，客觀現狀也並不允許。

　　所以在開始投資之前，需要先綜合考慮以上兩點，判斷一下自己的風險承受能力。如果你厭惡風險，可能更應該考慮投資低

風險的債券型基金以及貨幣型基金；如果你的風險承受能力很強，則可以投資股票型基金、指數型基金。

出手前的準備工作很重要。要堅持做到學習、分析、權衡，再做決定，切忌跟風購買。要知道，很多基金的風格就是漲得快跌得也快，不要為了眼前短暫的利潤而衝動。仔細研究基金規模、基金的長期過往收益、基金經理人的投資風格……這些都是出手前的必修課。

此外，選擇基金除了要看自身的風險承受能力和產品的風險，還要結合其他因素，例如你的錢可以放多久、你的財務目標是什麼等。

一般來說，可以投資的期限越長，可以接受的風險就越大，因為時間可以換空間，長期看下來，短期波動的影響會變得更小。

投資也需要明確目標。例如在你30歲時，想透過投資為60歲的自己準備養老金，那麼你就有30年的投資期限。你完全可以利用長期投資的優勢，去尋求最大的收益。這個時候，就可以選擇最激進的股票型基金，選擇一組風險大、預期收益也高的基金。但如果，你的投資目標是透過買基金獲得收益，在一年後存夠錢買喜歡的車，那麼你就不適合選擇激進的股票型基金，而是得選擇相對穩健的債券型或貨幣型基金。因為一年的投資週期相對較短，股票型基金短期內的收益不確定性太大，如果市場行情不好，一年後你的錢很可能出現虧損。而債券型基金和貨幣型基金雖然收益少，但更穩健，起碼能保證一年後不虧錢。

第二，應該拿多少錢來投資基金？

用於投資基金的錢並不是越多越好，要根據自己的實際情況做出合理規劃。前面我們也提到過如何進行科學合理的資產配置，最好只拿出家庭總資產的30%博高收益的投資。在此基礎上，投資還需要盡可能分散，基金雖好，可不要貪多，盡量不要把所有錢都放在某一類基金裡，尤其是波動較大的股票型基金。

首先還是那句話，投資一定要用閒錢，絕對不能借錢投資。因為我們很難把握短期市場漲跌，萬一出現虧損了，你只能割肉出局，雪上加霜。

有一個簡單的計算公式，可以用來估算多少資產用於有風險的投資，多少資產用於保守的投資。這個公式就是，風險投資的資產比例＝100－你目前的年齡。意思就是，年紀越輕，越可以做進取的投資，畢竟年輕，大不了從頭再來嘛，往後賺錢的機會還多的是；但年紀越大，就越應該保守，稍不留意就可能把養老的錢賠進去。

舉例來說，我目前是30歲，我就應該投資70%（100-30＝70）的閒置資金在高風險高收益的產品上，比如股票型基金。剩下30%，最好就用來買更保守的貨幣型基金、債券等。

但如果是我媽媽，她已經55歲了，那麼對她來說風險投資不應該超過45%（100－55＝45），保守類型的投資應該至少佔到總閒置資金的55%。

第三，不要進行過度頻繁的操作。

有別於投資股票和封閉式基金短線進出的操作方式，開放式基金基本上是一種中長期的投資工具。這是因為股票和封閉式基金的價格都受市場供求的影響，短期波動性較大，而開放式基金

的交易價格直接取決於資產淨值，基本不受市場炒作的影響。

此外，基金交易是有成本的。因此，太過短線的搶時機進出或追漲殺跌不僅不易賺錢，反而會增加手續費，增加成本。

投資這件事，並不是操作得越頻繁越好。當你認準了一樣東西，拿住後、不折騰，有時反而是更優解。

第四，爆款基金可能是一個陷阱！

所謂的爆款基金，就是基金界的「網紅產品」，專門指那些市場關注度非常高、想買的人特別多、認購申請金額遠遠超過需要募集金額的基金。

一款爆款基金往往有如下特徵：在牛市裡發行、由明星基金經理人管理、往往是股票型基金或偏混合型基金。一旦產品出爐，各大平台爭相宣傳，一時間火熱異常，人人都想買、卻還出現買不到的情況。

但爆款基金卻有可能是一個陷阱，投資時一定要謹慎。

從基金歷史上看，不少當時備受追捧的爆款基金，至今還處於虧損狀態。

有些爆款基金業績遭遇滑鐵盧，往往並不是基金經理人管理能力差，而是這些基金的發行時間比較尷尬。基金公司之所以會選擇在某個時間段內集中發行新基金，是因為那個時間段是我們所說的牛市，市場熱度比較高，一些原本不炒股的人也紛紛按捺不住，要把錢投進股市裡。這樣對於基金公司來說就比較好募集資金。

但問題就在於，市場過熱，就意味著市場處於上漲中，並且絕大機率是已經運行到了一個相對高位。在這個時候建倉的基

金，本身就是高位接盤，是有巨大風險的。

　　總結一下，買入基金一定要避免牛市買入，避免在市場情緒高漲時買入，還要避免買規模過大的基金——這些都是爆款基金所具備的特徵。

　　第五，買基金還有很重要的一個原則，就是多元化。

　　有資料顯示，從長期收益來看，市場上排名前100位中最好的基金和最差的基金，報酬率相差不會超過15%。所以在購買基金的時候，建議手中最好持有3～5檔基金。這樣倘若某基金暫時表現欠佳，透過多元化的投資，單檔基金不理想的表現便有機會被另一基金的出色表現所抵消，比持有單檔基金的風險更小、收益更高。但是，多元化並不意味著越多越好，持有過多的基金反而不方便管理追蹤，堅持極簡高效是最好的原則，3～5檔基金既可以分散風險，又不會過於分散。

　　以上五點關於基金需要注意的小常識，雖然不是什麼理論框架，但是在我們的實際投資過程中也非常重要。投資市場是多元化的，我們在瞭解了產品特性的同時一定也要深刻認識自己，很多投資者最終虧錢並不是虧在某個基金產品上，而是虧在了心態上——稍微一有波動，心態馬上就崩了，學過的那些理性投資思維忘得一乾二淨。再有就是聽信謠言、盲從小道消息，看到別人說明天可能大跌，立刻清倉賣出；聽說有可能大漲，馬上滿倉殺入。這些都是非常要不得的。

　　俗話說，知己知彼，方能百戰百勝。開始用真金白銀試錯之前，心態一定要穩。

第十章

離想要的生活更近一點

1. 管理時間，比管理金錢更重要

看完了前面的內容，或許有人會說，道理我都懂，可我就是沒時間理財啊！

世界上最公平的事情就是，每個人每天都只有24個小時，但為什麼有人可以工作效率超高，一天完成很多工作，而有的人工作效率低下，總是抱怨自己沒時間呢？

會這麼說的人，其實不是沒有時間，而是還沒學會管理時間。

管理時間，是比管理金錢更重要的事。錢沒有管理好，頂多就是在浪費錢，而時間沒有管理好，某種程度上可以說是在浪費人生。

以下三個時間管理的觀念，或許會幫助你找回自己丟失的那些時間。

第一，花時間做重要的事，而不是只做緊急的事。

在時間管理上，有一個重要的理論，就是「時間四象限法則」。

這是美國管理學家史蒂芬・柯維提出的理論，他將工作按照重要和緊急兩個不同的程度進行了劃分，將其分為四個象限：既

緊急又重要、重要但不緊急、緊急但不重要、既不緊急也不重要。

　　我們應該優先處理第一象限內既緊急又重要的事情，例如老闆找你辦事、客戶找你辦事、必須在特定時間完成工作任務、參加某個重要的會議等。

　　接著處理第二象限內重要但不緊急的事情，例如做職業規劃、投資理財、讀書學習、健身鍛鍊等。

　　再處理第三象限內緊急但不重要的事情，例如回覆一些不重要的郵件、被臨時安排的某項任務或某個會議等。

　　最後才是第四象限內既不緊急也不重要的事情，例如追劇、看綜藝、刷手機、社交應酬等。

　　第四象限的事情是最好區分的，這個象限的事情可以用來當作前三個象限的調劑，比如疲憊的時候泡個澡、看個綜藝節目，放鬆一下自己。但時間不宜過多，避免在既不重要也不緊急的事情上耗費太多時間。

　　最難區分的是第二象限和第三象限。絕大多數人正是因為耗費了過多時間去做緊急的事，而忽略了更重要的事，最後變成了瞎忙：好像每天都很忙，回到家累得什麼都做不了，但一年到頭，工作並沒有進步，錢也沒有賺更多。

　　原因很簡單，絕大部分你人生中緊急的事，其實都是別人的事。如果真正要改變，你需要花時間去做自己的事。

　　有研究做過普通人和高效能人士的時間管理對比，最大的不同就是，普通人會花50%～60%的時間在第三象限，也就是緊急但不重要的事情上，而只花10%～15%的時間在第二象限真

正重要的事情上。而高效能人士會拿出65% ～ 80%的時間去做重要但不緊急的工作，只花了10% ～ 15%的時間在緊急但不重要的事情上。這是因為他們把大部分工作都提前統籌和規劃好了，其餘象限的工作自然而然就減少了。

　　曾有位效率研究專家為一位企業家提過一項建議，就是手邊的事情並不一定是最重要的事情。為了避免花時間去處理手邊瑣碎的事情，每天晚上可以寫出你明天必須做的事情，按照事情的重要性排列。第二天先做最重要的事情，不必去顧及其他事情。第一件事做完後，再做第二件，以此類推。

　　時間四象限管理法的目標並不是鼓勵大家將日程時間安排得極其飽滿，讓大家覺得，每天要做完很多事情，才有成就感，而是要讓我們學會將時間、精力更多地分配到那些對於達成人生目標有重要價值的事情上，即關注那些「重要不緊急」象限裡的任務。這些任務雖然在當下看起來不緊急，你現在不做也不會立刻有什麼損失，但如果不重視的話，隨時都會發展成為重要而且緊急的事情。比如，正是因為平時沒有花時間堅持健身、運動鍛鍊、定期體檢，才會突然生病，發展為緊急的事情；也正是因為平時沒有做好財務規劃，沒有儲備緊急備用金，才會在突然失業、失去收入的時候陷入財務危機。

　　對於第二象限裡這些重要但不緊急的事情，大家可以先進行目標描述和任務分解，然後有計畫地去做。最好制定一份時間計畫表，持續推進，避免它發展進入第一象限。拿理財來說，可以先設定大的目標，然後進行目標拆分，例如透過記帳瞭解自己的財務情況，制定下月的開銷預算等。哪怕再小的一個動作，也是

一種開始。而當我們開始做的時候，就會迫使自己將更多的精力花在第二象限。

《一週工作4小時》這本書裡有這樣一句話：「把不重要的事情做得很好，並不會讓這件事情變得很重要；花很多時間做好一件事，也不會讓這件事變得重要。」

你本來就不可能做完所有事情，所以一定要抓大放小。

時間管理學專家蘿拉・范德卡姆（Laura Vanderkam）曾在一場TED演講中提到：時間管理的關鍵在於選擇，我們並不是透過節省時間來創造理想生活，而是先創造理想的生活，時間自然就會節省下來。比如，她建議：你可以想像現在是年末，像做年終總結一樣列出這一年讓自己獲得成長與幸福、讓生活變得更精采的幾件事，這樣你就有了一份年度要事清單，再去分解任務，制定自己每月、每週的優先順序事項。

另外，我們在做目標分解時，也要注意第一象限和第三象限的區分。同樣都是緊急的事，第一象限的事情做好了，會對你個人的長期規劃有推動作用，而第三象限的事情做好了，並不會對你的長期規劃有大的推動作用。比如我們在工作中可能都遇到過的，某位同事遇到一個麻煩，跑來跟你抱怨。你礙於情面不得不聽他講述，他所描述的這個問題很麻煩，你沒法直接給出答覆，只能停下手中的事情，和同事一起想辦法。雖然是出於好心，但我們應該盡量避免這種情況，否則最後的結果是，我們光想著解決別人的問題，卻沒時間解決自己的問題了。

道理大家都懂，那接下來具體應該怎麼做呢？

首先，列出手上的待辦事項清單，按照四象限歸類。可以給

所有的待辦事項都分別進行「輕重」和「緩急」的區分，輕重程度的標準是按照你的職業價值觀來判斷的，而緩急程度是根據時間截止期限來確定的。簡單評估一下，你就可以把所有待辦事項分類歸集到對應的四象限中。你必須清楚白天一定要完成的最重要的事情是什麼，並且只去做那件有著最大影響的事情。

其次，歸好類之後，看一下你的待辦事項裡是不是只有工作，而沒有自己的事情，如果是的話，就需要檢討自己是不是在瞎忙。讀書、健身、理財這些重要但不緊急的事情，一定要安排進你的待辦事項中，最好能佔到你下班後時間的一半以上。你可以每天給自己安排一個完整的時間段，哪怕只是 1 小時，你要利用這個時間，讓自己不看手機、不接電話，全心處理那些對自己重要但不緊急的事情。

接下來，你要把握一個原則：第一象限的事情立刻去做，第二象限的事情有計畫地去做，第三象限的事情交給別人去做，第四象限的事情盡量少做。

第二，正確定義時間效益，增加專注的時間。

很多人對時間管理的一大錯誤理解就是，要最大化利用零碎時間、一分一秒都不要浪費。

其實這種時間管理方式是工業時代的做法，是工廠用來管理工人的方法，而不是我們應該採用的管理自己時間的方法。

工業時代的傳統管理學認為，將時間和精力最大化，就能得到最大生產力。但其實，得到的只是勞動力。處於資訊時代的知識工作者，我們需要的是專注力。

如果你足夠專注，就可以事半功倍，很多事情都只要很短的

時間就能完成。而如果同步處理多項任務，長時間疲勞工作，經常被某些事情分心……時間花得多了，專注力卻下降了。如果你損失了一半的專注力，多花兩倍的時間都不見得能夠彌補回你的生產力。

臉書創始人祖克柏就說過，他每天只計畫4～5小時真正的工作。當自己狀態好時，就多做點，不然就好好休息。有時會連著幾天不在工作狀態，有時回到工作狀態又會連著做幾個通宵，這都很正常。工作追求的是高效，而不是做滿每一分每一秒。

比如祖克柏建議把會議和溝通（郵件或電話）結合，創造不間斷工作時間。因為一個小會議，也可能會毀了一個下午，因為它會把下午拆成兩個較小的時間段，以至於什麼事情都做不成。另外，一天內盡量保持相同的工作環境，如果在工作和客戶之間頻繁切換，會導致工作效率下降。一天之內最好也不要給自己安排太多工作，這只會消耗注意力，最好保持專注，一心一用。

祖克柏還一直堅持使用「番茄工作法」。簡單來說。就是把工作時間劃分為多個番茄時間，一個番茄時間包含兩個部分：25分鐘的工作學習和5分鐘的休息。這樣在工作—放鬆—工作—放鬆的交替中，實現專注和高效。

有一句在創業圈很流行的話：不要用戰術上的勤奮，去掩蓋戰略上的懶惰。意思就是，花時間做了很多無謂的工作，表面看起來很勤奮，但實際上生產力卻非常低。

關鍵在於專注帶來的效率，而不是時長。

第三，意識到你的時間很值錢。

時間是比金錢更寶貴的資源，因為錢用完了還能再賺，時間

花掉了就真的不會再來。

　　這也是我在之前創業的經歷中學到的最寶貴一課。我在剛開始創業的時候，什麼都喜歡自己做，事無鉅細，甚至小到一個Logo的顏色、一篇文章的字體……一切都親自操刀，還覺得特有成就感。後來我就被投資人狠狠批評了：「作為一個CEO，你要知道你自己的時間單價是很昂貴的，應該用來做更有價值的事情，而不是這些花錢雇個人就能解決的瑣事。」這番話敲醒了我，讓我意識到自己的時間管理觀念有多錯誤。

　　不管是創業還是工作，你都必須意識到，你的時間真的很值錢。

　　聰明的人會想辦法提升自己的時間單價，比如採用精進業務能力讓自己升職加薪的方式，提升自己的工作時間單價。還有更聰明的人，會透過平台、系統，把一份時間出售給很多人，例如在網上開網課，可以從一對一到一對多，時間利用價值大大翻倍。而最聰明的人，會透過花錢，向別人買時間。

　　打個簡單的比方。花200元請清潔公司來家裡打掃清潔，對很多人來說可能都是一種有點奢侈的消費。比如我媽就常數落我，不就是打掃清潔嘛，自己做不就好了，幹嘛花那個錢！但真正懂得自己時間單價的人會這樣計算。假設自己一個小時的時間價值是200元，那如果要花4個小時打掃清潔，價值可是800元；而請人打掃，只花了200元，幫自己省下了4小時的時間，可以專注去做更有生產力的工作。

　　所以，你需要重視自己的時間，想辦法提升自己的時間單價，並學會合理運用金錢去交換時間，產生更多價值，這才是時

間的正確使用方式。

　　如果你現在還認為自己沒時間理財，先看看自己在時間管理上出了什麼問題。大部分情況下，你並不是時間不夠，只不過是沒有管理好時間罷了。

2. 穩步致富，你需要耐心

　　亞馬遜的創始人貝佐斯有一次曾問巴菲特：「你的投資理念非常簡單，為什麼大家不直接複製你的做法呢？」

　　巴菲特回答：「因為沒有人願意慢慢地變有錢。」

　　巴菲特這句話，直擊了人性的弱點。

　　尤其是現代人，大都有一個通病，就是求快。吃飯要吃速食，最好是1分鐘即食的；看視頻要看短的視頻，超過1分鐘就沒了耐心；走路想走捷徑，甚至等紅綠燈也覺得是在浪費時間；賺錢就更想賺快錢，只想知道如何一夜暴富，沒有耐心慢慢賺錢；今天創業，恨不得明天就能回本，後天就能盈利，無法承受任何帳面上的虧損……以至於到了理財投資，也恨不得剛把錢投進市場，就能看到結果，像中彩券一樣。

　　無法積累財富的人大都有很典型的短線思維，在投資理財方面總是很急功近利。很多關於快速理財的宣傳語諸如「如何靠投資做到月入百萬」「如何理財能在三個月內讓本金翻倍」等在網路上鋪天蓋地，侵入普通人的大腦，讓他們以為投資是一件非常容易的事。但事實上，擁有這種心態的人不是在投資，而是在投機，和賭場裡的賭徒沒什麼兩樣。我們常說「欲速則不達」，急

功近利的人最容易走彎路。越是追求短期效果，就越容易遭遇「黑天鵝」。

什麼是黑天鵝呢？塔雷伯在《黑天鵝效應》這本書裡提出了黑天鵝的概念，也就是難以預測的隨機事件，而人類歷史本身就是由一系列黑天鵝事件構成的。

最近發生的黑天鵝事件，最典型的就是新冠疫情的發生。時間倒退到2020年新年前夕，當大家都在歡歡喜喜準備迎接春節，很多人買好了機票、訂好了旅館準備全家去旅行時，沒想到一場災難就此悄悄降臨。

可怕的不是已知，而是未知。所以，千萬不要對自己的知識有著過度的自信，因為世界的不確定性隨時可能降臨在我們身邊。而很多隨機事件的發生，也都會及時反映在股市的波動上。

有人能想到某天香港會突然調高股票的印花稅嗎？沒有。有人能準確知道南向資金、北向資金明天會怎麼流動嗎？沒有。

但這些事情的發生，都會帶來股價的及時反應。如果你剛好在事情發生前投入了一筆錢，結果卻恰好賭錯了方向，就好像疫情發生前押注了大量資金在日本房產的那些人一樣，疫情這個黑天鵝的到來，就有可能把他們的世界炸出一個大洞。面對這樣的隨機事件，運氣好就能賺到一筆，並把運氣錯當成是實力，試圖分享自己的致富經驗；而運氣不好的，就只能成為「韭菜」。

你可能看到過層出不窮的「股神」，吹噓自己在股市某一年的戰績如何厲害。在牛市的時候，你會發現朋友圈裡很多人曬出年化收益超過50%的漲勢圖。但是這麼多年下來，真正被大眾公認的股神卻只有巴菲特，而他的平均年化收益也不過20%而已。

　　巴菲特用一生之力讓自己的年化收益保持在20%，靠的是能力，我們朋友圈裡的「股神」某一年年化報酬率50%則靠的是運氣。因為市場短期的隨機性非常大，漲跌波動都有可能，短期的盈利極有可能和運氣相關。

　　趕上行情好的時候，樓下王大爺張大媽隨便買個基金，很輕鬆也都能一年翻幾倍。但這樣的收益，絕大機率是無法被複製的。你再給這些人一百萬，讓他們在第二年把這筆錢變成兩百萬，你覺得他們能做到嗎？所以，千萬不能把短期的隨機性，當作是可複製的經驗。

　　和隨機致富不一樣，長期收益需要的不僅是運氣，還有良好的心態、專業的能力以及長久的堅持。價格的短期波動會受到各種隨機因素、黑天鵝事件的影響，但長期來看，價格是終將回歸價值的。

　　「價值決定價格，供求關係影響價格，價格圍繞價值上下波動。」這是我們在馬克思的《資本論》裡都學過的一句話。我們無法掌控隨機性，也無法避免黑天鵝，但我們可以耐心等待，用時間將黑天鵝對我們的影響降到最低，用時間等待價格和價值平衡的回歸。就如同巴菲特所說：「時間的妙處在於它的長度。」

　　在投資市場裡短進短出，你可能會運氣好得賺到很多錢，也可能會運氣不好虧得很慘，逃不過隨機性的影響。但有了足夠的耐心，選一個好的行業，選一家好的公司，在市場恐慌的時候進場，耐心持有三五年，報酬率一定可觀。時間越長，隨機產生的各種雜音就越有機會相互抵消掉，優秀的公司價值也會越發明顯。

當下，大多數人的投資眼光只能著眼在一年以內。不僅是投資，也包括事業、感情或人生方向的選擇。大多數人希望自己做的事情能在半年到一年內就有結果，如果一年內看不到預期的結果，就會果斷放棄，不再持續投入。

能把眼光放長到3～5年，堅持一件事做3～5年的人少之又少。但正是這樣的人，可以避免頻繁的短線操作，將注意力專注到自己足夠相信、足夠認定的事情上，也願意花足夠長的時間做研究、去努力，得到的結果自然不會差。

就如同亞馬遜的創始人貝佐斯曾說，把眼光放在一年內，你的競爭者可能很多；但把眼光放長到十年，你的競爭者可能只剩幾個。

投資也好，創業也好，人生也好，能持續獲得成功的人，大多只是比別人多堅持了那麼一點點。作為一個普通人，目光放長遠，有耐心，就已經是一種非常有智慧的投資策略了。

成功的最好方法就是做個長期主義者。不管是投資理財還是人生成長，長線主義者往往都是最後的贏家，因為他們能看得更遠，不會被眼前的利益所蒙蔽。

我很喜歡的一句話是這麼說的：成功的路上其實並不那麼擁擠，因為它會一層一層篩掉很多人。就拿理財這件事來說，當你意識到理財和財富的重要性時，你已經勝過了一半的人。在這一半想理財的人裡，開始認真學習理財、買書上課的人，只剩下1/4。

在這1/4開始理財的人裡，真正用錢去試水、去執行的人，只剩下1/8。最後這1/8開始執行的人，在幾個月後，因為工作繁

忙、懶惰或是虧錢之後心態不好、堅持一段時間沒效果等原因，又有一半的人放棄了，最後堅持下來的人可能只有不到 1/20。

學會耐心堅持、享受時間的複利，才是普通人成就自我的最簡單卻又最難做到的成功秘笈。

褚時健 74 歲二次創業，84 歲時因「褚橙」再次成功。他曾在採訪中提到：「這幾年，不少 20 多歲的年輕人跑來問我為啥事總做不成？我說你們想簡單了，總想找現成、找運氣、靠大樹，沒有那麼簡單的事。我 80 多歲，還在摸爬滾打。你們在急什麼？」

回頭看一看自己，只要你的收入持續大於支出，只要你有堅持記帳、做好財務分配的習慣，那就給自己一點時間，專注在自己手上該做的事情，穩穩走好每一步。財富自由不是靠抄捷徑，而是靠穩步前進。時間久了回頭再看，你一定會為自己的堅持而感到驕傲。

3. 你永遠賺不到你認知以外的錢

　　投資中有一句名言：你永遠賺不到你認知以外的錢。

　　什麼是認知？說個小故事。

　　一群人發現了一塊黃金，為得到這塊黃金，眾人搶得頭破血流，難分勝負。這時候，另一個人從人群旁邊走過，輕輕撿起一塊鑽石走了。

　　這個人並不是沒有能力去搶奪黃金，而是他知道，鑽石比黃金更值錢。而那些正在哄搶的人，自始至終不知道這一點。

　　這就是認知能力高低的區別。認知可以讓你看到事情的本質，在投資方面，意味著你能看清一個理財產品的優劣勢，看清一家公司的商業模式，簡單來說，就是你比別人更清楚錢到底在哪裡。

　　我們往往容易將別人的成功歸因於對方的家庭背景、地位、學歷等短時間內我們無法改變的客觀事實，但實際上，窮人和富人的差距遠不止金錢，最本質的差別是認知能力。

　　同樣，一個人認知的不足，也會直接反映在虧錢上。

　　有一句很流行的話：「靠運氣賺來的錢，早晚有一天會靠實力虧掉。」你所賺的每一分錢，都是你對這個世界認知的變現。

你所虧的每一分錢，都是因為對這個世界認知有缺陷。投資最有趣的地方，就是不管賺錢還是虧錢，這個過程都會讓你更加認識你自己，知道自己的認知邊界在哪裡。

每次市場震盪的時候，都會有很多人到處問：該不該賣？還能加碼嗎？跌得好慘怎麼辦？

說實話，「怎麼辦」這個問題的答案，應該是在你把錢投出去之前就想好的。投資不是投機，需要有明確的思考與計畫，買之前想清楚為什麼買、要放多久以及之後如何應對市場情況。你的停損線、止盈線，都應該是提前規劃好的，而不是事情發生了再來想該怎麼辦。

當你的認知不匹配你的財富的時候，你賺到的錢不過是暫時停留在你的口袋裡，這個世界早晚會有一百種方式收回。

我身邊就有太多這樣的案例。

比如2016年P2P大熱的時候，身邊有很多人在買，之後P2P平台大面積倒閉的時候，很多人被套牢了。而這些人中的大部分打從一開始就不知道P2P到底是什麼，只是盲目跟風罷了。

再比如2017年，「幣圈」最火熱的時候，好多人看著翻倍增長的收益，很難不動心。入場的時候，每個人都覺得自己肯定不是最後一棒，都想當撈一筆就跑的聰明人，直到最後那些山寨幣一夜之間崩盤的時候，才知道自己成了「韭菜」。

就連我自己，也曾經在對股市一無所知的情況下，請別人幫我炒股，試圖去賺我認知外的錢，最後虧得一分不剩。

要知道，這個世界上的錢有兩種，一種是和你有關係的，一種是和你沒關係的。不懂的產品，不要去碰，也不要試圖廣撒

網，因為沒有人能夠賺到天下所有的錢。不要去追隨他人、追隨市場，而要追隨自己內心真正理解的東西，只投資自己看得懂，並真心關心的東西，只賺屬於自己的錢。正所謂「弱水三千，只取一瓢飲」。

道理容易，做起來卻很難。

在市場中，有賺就有虧，浮盈浮虧在所難免，但這也是我們不斷檢視、修正自己的最好機會。如果投資前的分析是自己做的，投資決策也是自己做的，那麼即使虧了錢，至少可以告訴自己：我也會犯錯，但我不會後悔。「不碰自己看不懂的，不做自己能力圈以外的投資。」如果某一次的虧錢能讓你真正領悟巴菲特的這句勸誡，就當交了學費，也為你今後更多的投資提前排了雷。

真正的「韭菜」不是虧掉錢的人，而是缺乏基本認知和獨立思考，被別人糊弄著虧了錢，以至於虧完錢都不知道為什麼，也無法總結經驗教訓的人。

只有不斷提升自己的能力，提高自己的認知，賺到的錢才是真的屬於自己的。

那普通人該如何提高自己的認知能力呢？

我們每個人一生的閱歷是有限的，但能從別人身上學到的東西卻是無限的。最快捷有效的方法是找到認知範圍比你大的人，不斷向他們請教、學習。和優秀的人在一起，雖然不能讓自己立刻也變得很優秀，但起碼你是在向上走。

有一個說法是，你的財富等於你身邊5個人的平均值。想一下，平日裡和你相處時間最長、關係最親密的5個人，從他們的

收入上，大概就能推斷出你的收入。

為什麼？

因為親密交往的人之間會互相影響，你會經常與他們互相交流，傳遞資訊，進而改變自己的思維方式和行為模式。你們會互相成為彼此的平均數，你的財富和智慧，就是幾個人的平均值。

如果你覺得自己最好的5個朋友之中某一個人特別有錢，而其他人的經濟狀況則相對較差，那麼只有一種可能——你身邊的親密朋友和對方身邊的最親密的人完全不同，可能只有你們兩個人是其中唯一的交集。

拿我自己來說，順利考上明星大學、出國留學又融資創業⋯⋯很多親戚朋友都覺得我是「別人家的孩子」，但其實我生活在一堆創業圈、金融圈的菁英之中，從來沒覺得有任何優越感，甚至覺得自己經常掉隊。但也因為如此，在不斷平衡和找平均的過程中，我發現自己也在努力變得更優秀。

所以，盡量跟優秀的人在一起，觀察他們的行事方式。所謂「近朱者赤，近墨者黑」，一個人身邊的圈子很重要，隨著我們的成長，身邊的人在不斷變化，你也在不斷地被他們改變。你選擇身邊的人，身邊的人也在選擇你。

當你沒有辦法直接和那些成功的人對話時，可以透過讀書的方式，學習別人成功的經歷。對我來說，書是我最願意為之花錢的東西。作為一個金融門外漢，我從書中學到的理財投資知識太多了。而且相比市面上那些昂貴的理財課，書的成本真的太低了。

所以，當你不知道做什麼或是迷茫的時候，最簡單的就是多

看些書，擴大自己的認知面。

　　提升認知，是階層逆襲的根本，也是防止被收割的根本。

　　當你的認知越來越高的時候，當你的格局越來越大的時候，理想的生活，就會向你慢慢靠近。

4. 面對未知，怎麼理財才不會錯

　　我經常被問到的一個問題就是，如何看待明年的股市？會繼續大牛還是出現泡沫崩盤？現在還能入市嗎？虛擬貨幣都漲翻天了還能不能買？……

　　老實說，我的答案是我真不知道。

　　我們都不是神，無法預測未來，我也不想用自己的一面之詞給大家任何誤導。不過，未來雖然不可預知，但我確定的是，下一次股市的崩盤不是會不會發生的問題，而是什麼時候發生的問題。

　　因為泡沫崩盤是金融市場逃不開的「自然災害」。遠的比如美國股市在1929年、1987年、2000年、2008年等的多次大崩盤，近的比如中國股市在2008年、2009年和2015年等的熊市。

　　雖然無法預知泡沫什麼時候到來，但我可以給大家的是一些無論什麼時候都能使用的建議。以下五件該做的事和三件不該做的事，不管市場怎麼走，照著做總不會有錯。

　　五件應該做的事之一：準備好你的緊急備用金。

　　緊急備用金我強調過很多遍，它是我們開始投資理財的第一步。

天有不測風雲，人有旦夕禍福，誰也不知道明天會發生什麼事。你可能會突然遇上交通事故，可能會忽然病倒，可能會因為公司不景氣突然被裁員……這些意外都有可能會讓你突然失去收入。因此，無論何時，都必須給自己留出一定金額的緊急備用金，隨時需要就能隨時拿出來，你需要保證本金的安全，並且能夠靈活地隨取隨用。

五件應該做的事之二：準備好一定的市場機會資金。

除了準備緊急備用金，你還應該準備一筆閒錢，這筆錢可以讓你隨時抓住下一個市場機會。這筆錢的重要性可能沒有緊急備用金高，但有了這筆錢，如果下一秒股市發生泡沫崩盤，股價全部打折清倉售賣，至少你可以保證手上有「子彈」，能夠在低谷最好的時機進入市場。比如2020年剛過完年的時候，因為疫情的突發，股市非常低迷。這個大部分人都不敢入場的時段，如果你買入了，放到現在，應該會賺不少錢。

就像巴菲特說的「別人恐懼我貪婪」。我們可能沒有能力在最低點抄底，但是長期看來，低谷買入，能夠溢價升值的空間就更大。這裡再次提醒大家，投資一定要用閒錢！

五件應該做的事之三：創造多元化的收入來源。

2020年教給我們最大的一件事就是，千萬不要只依靠你的薪水，因為生活充滿了變數。當股市行情不好的時候，也是經濟環境差、企業大量裁員的時候，如果你所在的行業不景氣，而薪水又是你的唯一收入，你的經濟狀況就會變得很危險。但如果你有多個收入來源，就不會那麼不堪一擊。

比如我認識的一個在旅遊行業工作的朋友，雖然她一整年在

主業上幾乎沒什麼收入，但她有一個副業，就是做代購。以前沒覺得代購有什麼重要的，但在疫情期間就顯得非常重要了。因為這份副業，她和家人的生活不僅沒有受到影響，收入比之前還上漲了許多。

同時，也千萬不要盲目自信，覺得自己所在的行業很安全。比如美國2000年的互聯網泡沫，被大量裁員的都是科技企業的員工，而在那之前所有人都覺得互聯網就是未來，沒人會想到有泡沫崩盤的那一天。所以，我們一定要有居安思危的意識。

另外，我建議大家擁有至少一個可以線上獲得收入的管道，不管是自媒體、微商代購，還是線上教育……這樣如果再發生需要居家隔離的狀況，我們可以在家賺錢。當然打造這樣的收入管道需要前期投入時間精力，所以，你現在就應該開始努力準備了。

五件應該做的事之四：分散你的投資。

除了要分散收入來源，在投資方面，也一樣不要把雞蛋都放在一個籃子裡。

有人在剛開始接觸股票時，會特別看好某家公司，就會投入全部資產只買這一家公司的股票，風險不言而喻。如果炒股，我建議大家至少擁有10個以上不同行業的股票，這樣一來，任何行業的波動都不會讓你一擊即碎。

除了股票和基金，大家也可以多關注不同的資產，例如數位貨幣等，但是對於自己不瞭解的領域，一定要多學習。

五件應該做的事之五：做好你的主業。

想追求穩定而強大的現金流，關鍵是要有足夠多的初始本

金。大多數人投資的問題並不是收益率不夠高，而是本金不夠多。讓本金變多的最好方法，就是追求更好的主業。

　　也就是說，如果你沒有出生在資產雄厚的家庭，一切都要靠自己的雙手打拚的話，在你的初始本金還不夠多之前，請先努力發展自己的主業，爭取更高的薪水。當工作佔用了你的大部分精力後，在投資上，就選用最簡單的指數型定期定額就好了。雖然收益率不一定是最高的，但你省出來的時間精力用到主業上，能讓你的整體收入增加。

　　本金是「1」，會理財是後面的「0」。如果你每天花很多時間精力來看盤，很容易因股票漲跌而產生強烈情緒波動，進而影響你的工作品質，那就是因小失大、本末倒置了。

　　三件不要做的事之一：不要追高，不要追高，不要追高！

　　重要的事情說三遍！

　　我在很早的時候買過特斯拉的股票，後來當我覺得它的價格已經超出預期的時候就賣掉了。雖然現在我也很看好這家公司，但在我看來，一支本益比❹超過1500的股票，其價格已經遠遠超過了它的實際盈利價值，此時再去買這檔股票，就很難判斷這是在投資還是在投機了。

　　可能有人擔心會錯過好時機，在我看來，錯過時機並不要緊，我也曾經錯過了很多好時機，但這個市場最不缺的就是機會。要想穩步致富，你需要的是耐心。等得越久，越不容易遭遇

---

❹ Price-to-Earning Ratio，指每股市價除以每股盈餘，通常作為股票是便宜抑或昂貴的指標。

隨機性帶來的損失。

不要追高，這一點對於任何投資市場都適用。

三件不要做的事之二：不要一次性把所有的錢都投出去。

不管是買股票、基金，還是買數位貨幣，做任何投資都一樣，把錢一次性全部投入是一件非常高風險的事情。

我們常常會因為害怕錯過而一衝動就「跳上車」，殊不知自己正在最高點，「上車」後緊接著就會遇到股市急轉直下的狀況。

所以，千萬不要把錢一次性全部投入，而是讓自己手裡留有一定的「子彈」，當機會再出現時，你能夠隨時再「上車」。

三件不要做的事之三：不要因為害怕風險，就把錢都存在銀行裡。

在通貨膨脹的大前提下，除了留一部分緊急備用金和閒錢之外，剩下的錢如果你什麼都不投資，那麼手裡握著的這筆現金，會以越來越快的速度貶值。現金是最差的資產，因為它每一天都在貶值。

你可以用這筆錢去投資股票、基金、房產、黃金、數位貨幣等，這些都比你拿著一大筆現金在手上要強得多。雖然投資有風險，但是投資總是比不投資要好，不投資你肯定在虧錢，投資你有機率會賺錢，當然前提是正確的、科學地投資。

這個世界充滿了未知，但我們一樣可以在未知中尋找確定性。有一些事情是永遠都不會錯的，比如不要亂花錢，控制自己的消費，定期定額指數型基金，給自己和家人配齊保險，合理規劃自己的財務……

　　不管股市怎麼走，先培養科學、正確的理財觀，都是會讓自己受益終身的事情。

　　理財投資是一輩子的事，好好學，慢慢來。

5. 執行——通往理想生活的第一步

很多人都問我，當時是怎麼開始學習理財的？其實和大家一樣，上網找資料、學課程、買書看書……他們會覺得疑惑：「這些事情我也都做了，怎麼我沒有看到自己的任何變化？存款為什麼也沒有變多？」

很簡單，因為沒有把想法轉變成行動。

理財只是一個名詞，去執行並堅持，才會變成一個動詞。我們不僅要學習理論知識，更重要的是，還要和實踐相結合。

你可以回想一下每年的年初，你是不是也和很多人一樣，列下了自己的新年目標清單？到現在，這些目標又實現了多少呢？是不是忙碌了一整年，到頭來才發現曾經列下的一大堆目標根本沒時間完成，甚至連第一步都沒有邁出？到了新一年的年底，又列出一大堆目標計畫，下一年又循環往復。

如果你真的想要讓自己在今年比去年過得更好，讓自己在下一次做年度總結的時候可以驕傲地說出自己完成了什麼目標，那麼你現在需要做的就是，先找到一個目標，然後馬上去行動。

當然，並不是說為了完成一個目標，就一定要把其他目標都捨棄。但是就現實來看，我們一生中會有很多目標無法實現。大

部分的目標都難逃在設定完後就被一堆瑣事淹沒掉的命運。因此，要認真問自己的是，如果給你機會，哪些目標是你內心非常期望達成的？

如果你希望提升目標的達成率，先鎖定一個最重要的目標去執行。就算只有一個目標，當你好好去執行、一步一步去實現它時，就很有成就感。當這個目標完成時，再設定更多的目標。

看完這本書，我希望你現在可以給自己設定一個今年的大目標，這個目標既不要太低，不至於隨隨便便就能達成，也不要太高，讓自己失去信心，最好是踮踮腳才能夠到的那種。

我用過一個叫「3W法則」的方法來設定目標，實踐下來發現，它的確能夠切實提高目標達成率。

第一個 W 是 Where：你要去哪裡？

第一步，先定出一個你今年最想達成的目標。想一想，在今年的最後一天來臨時，你希望能夠達成什麼樣的成就？想學習一門新的語言？讀完多少本書？存到多少錢？還是減重多少公斤？這些都沒問題，但不能貪心，只能選一個，是你最想做到的那一個。

這個你今年最想完成的事，就是你今年要專心努力的方向。其他的目標，暫時都要為它讓步。

第二個 W 是 Why：你為什麼想實現這個目標？

確定了目標，接下來就需要找出想實現這個目標的原因，它將會成為你的動力。寫下這個動力，你才會知道你是在為誰努力，為什麼而努力？在你因為生活瑣事而使得目標的完成進度變慢甚至慢慢停滯的時候，回頭看看自己當初寫下的目標和動力，

嘗試重新找回完成目標的熱情。

第三個 W 是 What：為了實現這個目標，你該做些什麼？

第三步，就要開始去做真正會幫助你實現目標的事情了，也就是列出行動清單。在這一步，你可以盡情地大開腦洞、發散思維，盡可能多地列出你能想到的、有助於實現目標的各種行動。列的時候，先不要管這個行動好不好執行或是會不會有成效，反正只要想到了就寫下來。

寫完之後，再進行排序，從清單中挑出你覺得最可靠最好執行的行動。如果你在執行過程中發現這個方法沒有預想的那麼有效，那就換一個，再去執行。總之就是，想到什麼就先寫下來，然後一件一件去嘗試執行，效果不好隨時調整便是。

舉一個例子來說明吧。假如你的新年目標是多存錢，目標金額是比去年多存5萬元。那麼按照3W法則，你可以這樣來設定目標：

Where：比去年多存5萬元。

Why：希望自己有更多的可支配資金用於投資，增加被動收入，增加安全感。

What：開始記帳，並持續記帳；分清必要開銷和不必要開銷，並減少不必要開銷；把帳戶進行分類，拿到薪水先存錢再花費；給信用卡額度設置一個上限；多閱讀理財類的書籍；減少外出吃飯的頻率；一整年不買包……

雖然有時候努力也不一定能實現目標，但至少努力的過程會讓你變成更好的人。就好像著名哲學家梭羅曾說過的一句話：「當你在實現目標時，重點不在於你獲得了什麼，而在於你因此

變成了什麼樣的人。」過程比結果更重要。

　　當思想的巨人、行動的侏儒是大部分人常犯的錯誤。現實世界裡，行動者總會擊敗不行動者，人們往往是依靠行動，而不是想法去領先於其他人。

　　我希望看完這本書的你，並不只是停留在看和想的層面，而是現在就開始列出目標和行動計畫，現在就開始執行，並且堅持下去，不斷回顧、檢視……相信一年後，你會和我一樣，在年底和更好的自己相遇。

　　期待看到你行動起來，早日實現自己的理財目標，不再為金錢煩惱，而是讓它成為你堅強的後盾。

為什麼你學不會理財：10個理財的底層邏輯,助你邁向財務自由/李寧子(栗子拿鐵)作.-- 初版.-- 臺北市：春天出版國際文化有限公司, 2023.05
面； 公分.--(Progress；25) 。
ISBN 978-957-741-666-7(平裝)
1.CST: 理財 2.CST: 投資

563.5   112003574

為什麼你學不會理財
10個理財的底層邏輯，助你邁向財務自由

Progress 25

作　　者◎李寧子（栗子拿鐵）
總 編 輯◎莊宜勳
主　　編◎鍾靈
出 版 者◎春天出版國際文化有限公司
地　　址◎台北市大安區忠孝東路4段303號4樓之1
電　　話◎02-7733-4070
傳　　真◎02-7733-4069
E－mail◎frank.spring@msa.hinet.net
網　　址◎http://www.bookspring.com.tw
部 落 格◎http://blog.pixnet.net/bookspring
郵政帳號◎19705538
戶　　名◎春天出版國際文化有限公司
法律顧問◎蕭顯忠律師事務所
出版日期◎二○二三年五月初版
定　　價◎330元

總 經 銷◎楨德圖書事業有限公司
地　　址◎新北市新店區中興路2段196號8樓
電　　話◎02-8919-3186
傳　　真◎02-8914-5524
香港總代理◎一代匯集
地　　址◎九龍旺角塘尾道64號 龍駒企業大廈10 B&D室
電　　話◎852-2783-8102
傳　　真◎852-2396-0050